Counseling Skills

상담입문자를 위한 **상담기법 연습**

천성문
차명정
이형미
류은영
정은미
김세경
이영순
공저

학지사

머리말

Yalom은 상담자에게 언어는 외과의사의 메스와 같다고 했다. 그 의미를 생각해 보면, 상담은 마음의 병을 다스리는 작업이며 이것이 주로 언어를 통해서 이루어진다는 뜻일 것이다. 따라서 상담자는 내담자를 돕는 언어를 구사할 수 있는 상담기술을 가지고 있어야 한다. 이 책에서는 상담의 과정에서 꼭 필요한 9개의 상담기법을 상담과정의 흐름을 기반으로 제시하였다.

일반적으로 상담은 초기, 중기 및 종결의 단계로 나누어 볼 수 있다. 각 단계에는 상담자가 성취하고자 하는 목표가 있고 이것을 효율적으로 달성할 수 있는 기법이 있다. 물론 각각의 기법은 상담의 과정에서 통합적으로 사용되지만, 초기에는 주로 내담자에 대한 탐색이 이루어진다. 이 단계에서 상담자는 내담자가 보이는 비언어적 표현에 주의를 기울이고 자신도 비언어적 표현을 통하여 내담자에게 신체적·정서적으로 반응하는 기술을 갖춰야 한다. 이 과정에서 상담자에게는 적극적인 경청의 자세가 필요하고, 상담자는 제대로 된 경청을 통해 내담자가 말하고자 하는 것을 이해·공감할 수 있게 된다.

1장에서는 이러한 관심 기울이기 기법과 내담자의 이야기를 적극적으로 경청하는 기법에 대해서 살펴본다. 내담자와 상담자 사이에 신뢰관계가 형성되고 나면 상담자는 내담자에게 질문을 함으로써 내담자 스스로 자신의 사고와 감정을 탐색하도록 격려하게 된다. 2장에서는 이러한 질문에 대한 기법을 살펴본다. 질문을 할 때에는 내담자의 감정에 대한 공감과 반영, 답변에 대한 재진술 등이 필요하다. 3장에서는 감정 반영 기법을, 4장에서는 내담자가 진술한 것을 상담자가 요약하거나 변형하여 제시하는 재진술 기법을 살펴본다.

중기는 상담자가 도전을 통해서 내담자 스스로 통찰을 이루어 내도록 하는 단계다. 이 단계에서는 직면, 해석 등의 기법과 상담자가 지금 여기에서 일어나는 감정 및 생각을 개방하는 즉시성의 기법, 내담자에게 도움이 되는 상담자 자신의 경험을 개방하는 자기개방 기법이 활용된다. 5장에서 직면 기법을, 6장에서 해석 기법을, 7장에서 즉시성 기법을, 그리고 8장에서 자기개방 기법을 살펴보도록 한다.

종결 단계에서 상담자는 내담자가 상담의 목표를 실행할 수 있도록 돕기 위해서 정보 제공이나 직접적인 안내를 해 주어야 한다. 9장에서는 정보 제공 기법에 대해서 살펴본다.

이 책의 각 장은 상담입문자가 이해하기 쉽도록 각 기법의 목적, 방법 및 예시를 설명하여 이해를 돕는다. 그리고 상담기법은 반복적인 연습이 필요하므로 본문의 내용 중 핵심을 박스로 요약하여 제시하고 다양한 연습문제를 마련하였다. 먼저, 기법에 대한 Tip을 요약한 뒤 연습문제 I을 통해서 이를 확인하도록 하였고, 연습문제 II에서는 제시하는 사례와 관련한 적절한 기법을 객관식 문제를 통하여 연습하도록 하였으며, 마지막으로 연습문제 III에서는 주관식 문제를 통해서 연습하도록 하였다. 그리고 각각의 문제에는 해설을 제공해서 다시 한 번 구체적인 상담장면과 설명한 기법을 연결하여 이해를 돕고자 하였다. 아울러 학습자들끼리 실습을 한 후 경험을 나누고 기법의 숙달 정도와 적절한 활용에 대해 피드백할 수 있도록 실습 관찰 체크리스트를 제공하였다.

부디 이 책이 상담입문자가 실제 상담을 하기 전에 다양한 사례를 통해서 보다 쉽고 정확하게 상담의 기법을 익힐 수 있는 연습서가 되었으면 한다. 끝으로, 이 책을 발간하는 데 많은 도움을 주신 학지사 김진환 사장님과 편집부에 감사의 마음을 전한다.

2015년
저자 일동

차 례

6 해석

7 자기개방

8 즉시성

9 정보 제공

비언어적 의사소통과 경청

1

다른 사람의 이야기를 진지하게 들어주는 경청의 태도는
우리가 다른 사람들에게
나타내 보일 수 있는 최고의
찬사 가운데 하나다.

-Andrew Carnegie-

학습목표

1. 비언어적 표현에 담긴 메시지를 이해할 수 있다.
2. 상담에 도움이 되는 비언어적 표현을 활용할 수 있다.
3. 경청을 방해하는 요소를 이해할 수 있다.
4. 효과적인 경청의 조건에 따라 경청할 수 있다.

비언어적 의사소통은 내담자의 비언어적 표현을 상담자가 주의 깊게 관찰하고 의미를 해석하여 그에 맞는 비언어적 표현을 전달하는 기술이다(Brems, 2005). 상대방에게 관심을 기울이고 진심을 다해 듣는 태도도 비언어적 의사소통에 포함된다. 상담에서 내담자의 비언어적 표현은 내담자의 무의식에 숨겨진 의미나 문제를 나타내기 때문에 상담을 이끌어 갈 때 길잡이가 되는 경우가 많다. 또한 상담자의 비언어적 태도는 상담관계 형성에 있어 매우 중요하다. 예를 들면, 상담자가 따뜻하고 공감적일 때 내담자는 관심과 보살핌을 느낀다. 그러나 상담자의 자세가 단정하지 않거나 무관심하고 지루한 태도를 보인다면 당연히 효과적인 상담과는 거리가 멀어지게 된다.

비언어적 의사소통은 내담자의 비언어적 표현에 주의를 집중하여 관찰하고 의미를 해석하여 그에 맞게 비언어적 표현을 전달하는 기술이다.

비언어적 의사소통은 언어적 의사소통과 상호작용을 한다. 예를 들면, "짜증이 나요" 하면서 얼굴을 찌푸리는 등의 행동을 통해 언어적 메시지를 반복 · 보충하거나 강조한다. 또는 현재의 감정에 대해 물었는데 울음을 터뜨리는 행동으로 언어적 표현을 대신하기도 한다. 이와는 반대로, "화나지 않았어요"라고 하지만 목소리가 경직된 경우처럼 말과 비언어적 표현이 모순되어 나타나기도 한다. 대화가 지겨울 때 고개를 돌리거나 시계를 보는 비언어적 표현은 듣는 사람과 말하는 사람이 대화의 흐름을 조절하는 메시지로도 사용된다.

비언어적 의사소통을 통해서 상담자는 내담자가 직간접적으로 말하고자 하는 것을 이해할 수 있다.

비언어적 의사소통은 내담자의 의식 상태나 정서 상태에 관한 정보를 얻게 한다.

이처럼 비언어적 표현은 언어적 메시지를 반복 · 보충 · 강조하는 형태로, 혹은 언어적 메시지와는 모순되게 나타나기도 하고, 언어적 메시지를 대신하거나 의사소통의 흐름을 조정하는 메시지로도 사용된다. 따라서 효과적인 상담을 위해서는 비언어적 표현에 담긴 메시지를 잘 이해하고 활용할 수 있어야 한다.

비언어적 의사소통은 신체적 · 정서적으로 내담자에게 맞추어서 따뜻하고 공감적인 상담관계를 형성하게 한다.

1. 비언어적 표현의 해석

상담자는 내담자의 얼굴이나 몸에 나타나는 신체적 반응에 주의를 집중하여 내담자의 비언어적 표현을 읽고 내담자의 상황과 대화의 맥락에 맞게 그것을 해석해야 한다.

상담자는 내담자의 외모, 시선 접촉, 몸동작, 음성 등 비언어적 표현을 통해서 그의 의식 상태나 정서 상태에 관한 정보를 얻을 수 있어야 하며, 상담자 자신의 비언어적 표현 속에 나타나는 감정도 자각할 수 있어야 한다. 그러나 같은 행동도 상황과 맥락에 따라서 다르게 해석될 수 있으므로 상담자는 내담자의 상황과 대화의 맥락에 맞게 그것을 해석해야 한다. 상담과정에서 중요한 내담자의 비언어적 표현을 어떻게 해석하고 활용할 수 있는지 살펴보기로 하자.

우선 상담자는 내담자의 옷차림이나 청결 등의 외적인 모습을 통해 내담자의 자기관리 능력이나 사회적 능력과 상황 판단 능력을 평가할 수 있다(Beutler & Berren, 1995). 그러나 옷차림만 보고 그 사람의 사회적 지위를 단정할 수는 없는 것처럼 하나의 조건만을 보거나 고정관념을 가지고 평가하는 것은 바람직하지 않다.

내담자의 표정, 시선 접촉 및 자세는 많은 정보를 표현한다.

내담자의 표정은 많은 정보를 표현한다(Hill, 2012). 미소는 좋은 기분을 표현하지만 회피로 해석될 수 있고, 상기된 얼굴은 놀람이나 당혹스러움을, 다문 입술은 적개심 또는 집중을, 그리고 떨리는 입술은 슬픔과 분노의 표현일 수 있다. 특히 내담자와의 시선 접촉은 중요하다. 직접적인 시선 접촉의 경우에는 관심을 가지고 의사소통을 할 의향이 있음을 나타내는 반면, 시선 접촉을 잘 하지 못하는 경우에는 의사소통의 회피라고도 볼 수 있고 상담자에 대한 존중의 뜻이라고 볼 수도 있다.

내담자의 자세 중 팔짱을 낀 자세는 감정적인 거리감의 표현일 수 있고, 굳은 자세는 긴장을 의미할 수 있다. 몸을 앞으로 구부린 것은 관심이나 흥미를 표현하는 것이며, 뒤로 젖힌 것은 철회 또는 회피의 심리를 나타내는 것일 수 있지만 이완된 태도의 표현일 수도 있다. 한편, 몸부림 또는 머리카락 만지기 등 습관적인 움직임은 싫증과 성급함을 나타내거나 불안함을 표현하고 있다고 볼 수 있다.

내담자의 호흡도 주의 깊게 살펴볼 필요가 있다. 느리고 깊은 호흡은 이완과 편안함을 나타내지만, 적거나 짧은 호흡은 불안을, 과호흡은 불안과 감정 통제의 상실을 나타낸다고 볼 수 있다. 목소리의 크기와 높낮이, 말의 속도 등도 내담자를 잘 이해하게 한다. 예를 들어, 우울한 내담자는 일반적으로 말수가 적고 말도 느리다. 또한 상담과정에서 나타나는 침묵은 내담자의 내면에서 생각과 느낌을 탐색하는 작업이 이루어지고 있는 것으로 미루어 짐작해 볼 수 있다.

내담자의 호흡, 목소리, 말의 속도, 공간 사용은 내담자의 심리 상태를 표현한다.

사람과 떨어진 거리, 위치 선택 등의 공간 사용은 내담자의 개인적 공간에 대한 욕구의 표현일 수 있다. 예를 들어, 치료적 관계가 형성되지 않은 면담 초기의 내담자는 신체적 거리가 멀면 거부 혹은 받아들여지지 않는 것으로 느낄 수 있다. 반면에 거리를 둠으로써 안정감을 느끼려고 하는 내담자에게는 개인적 공간의 확보가 중요하다.

상담과정에서의 시기적절한 표현, 상담의 시작과 종료 등 시간 사용은 상담과정과 내담자의 문제를 다룰 기회를 제공한다. 예를 들어, 내담자가 말하는 중간에 멈추는 것은 상담자의 해석을 바라는 것으로 볼 수 있고, 내담자가 상담시간이 끝나갈 때 중요한 문제를 내놓는 것은 그 주제에 대해서 논의하는 것을 망설였음을 나타내는 표현이거나 상담시간을 연장하고 싶은 무의식적 욕구의 표현일 수도 있다.

상담과정에서의 침묵, 상담의 시작과 연장 등 내담자의 시간 사용은 내담자의 문제를 다룰 기회를 제공한다.

2. 비언어적 표현의 활용

좋은 상담관계를 형성하려면 상담자는 내담자가 표현하는 신체언어를 잘 이해하고 내담자에게 관심을 전달하는 비언어적 표현을 활용해야 한다.

내담자를 맞이할 때의 상담자의 고요함, 부드러운 목소리, 편안한 시선과 자세, 개방적인 표정 등은 내담자에게 편안한 첫인상을 줌과 동시에 "당신에게 관심을 가지고 있고, 당신이 하고 싶은 말을 듣고 싶다"는 뜻을 전달한다. 눈을 부드럽게 맞추고 앉아서 관심을 집중하고 기다리는 제스처는 참을성을 전달하고, 대화를 하면서 끄덕이기, 미소 짓기 등은 내담자에 대한 환영과 호의를 전달한다. 또한 몸을 앞으로 구부리고 온화한 목소리와 끄덕임으로 안정적인 시선을 접촉하는 것은 공감과 이해를 표현하고, 궁금한 듯한 눈빛, 주름진 이마 등의 표정은 상담자가 내담자를 이해하기 위한 설명과 보충을 요청하는 표현이 된다. 예를 들면 다음과 같다.

상담자는 내담자를 존중하고 공감하는 태도를 가지고 이를 비언어적 표현으로 전달해야 한다.

내담자: (굳은 표정과 낮은 목소리로) 학교 가기가 싫어요.

상담자: 음……. (내담자를 바로 바라보며 자연스러운 시선 접촉을 한다.)

내담자: 친구들은 저를 거짓말쟁이라고 놀려요. 거짓말이 아닌데……. (눈시울이 붉어지며 고개를 떨군다.)

상담자: 무슨 일이 있었는지 말해 줄 수 있겠니? (부드러운 표정과 이완된 자세로 내담자 쪽으로 약간 몸을 기울인다.)

내담자: (풀죽은 목소리로) 저는 엄마가 안 계세요. 아버지하고 사는데……. (격앙된 목소리로) 아버지께서 용돈을 하루에

만 원을 주신다고 친구들에게 말했더니 친구들이 거짓말 이라고 했어요.

상담자: 친구들이 거짓말한다고 해서 억울했겠구나. (따뜻하고 감정이 풍부한 목소리로 말한다.)

이러한 비언어적 표현이 제대로 적용되기 위해서 상담자는 자기 몸과 목소리를 자각하고 내담자와 상호작용할 때 자기 몸을 통해 전달되는 단서와 메시지를 놓치지 않아야 한다. 예를 들면, 내담자에게 어떤 태도를 취하고 있는지, 내담자에게 충분한 관심을 표현하지 못하고 있다면 자신의 어떤 감정 때문인지, 상담에 방해가 되는 신체 언어가 있다면 이것을 어떻게 다루고 있는지 등을 스스로 점검해 보아야 한다.

3. 경청의 중요성

경청은 내담자가 전달하려고 하는 메시지를 상담자가 포착하고 이해하는 능력을 말한다(Egan, 1999). 따라서 경청은 내담자의 언어적 메시지만 듣는 것이 아니라 비언어적 메시지도 관찰하여 내담자가 진짜 말하고자 하는 것이 무엇인지, 말하는 것의 진짜 의미가 무엇인지를 깊이 있게 듣는 것이다.

> 경청은 내담자가 진짜 말하고자 하는 것이 무엇인지, 말하는 것의 진짜 의미가 무엇인지를 깊이 있게 듣는 것이다.

미국의 작가이자 정신과 의사인 Scott Peck은 "누군가 진정으로 자기의 말을 들어주고 있다는 그 자체만으로도 눈부신 치료 효과를 낸다"고 말했다. 내담자가 상담할 문제를 가지고 올 때 상담자가 가장 먼저 해야 할 일은 그의 고민을 들어주는 것이다. 어쩌면 내담자는 문제의 해결보다 자기 문제를 잘 들어줄 사람에게 자기 감정

> 경청을 통해서 상담자와 내담자 간에 신뢰관계가 형성되고, 이것은 상담자와 내담자 간의 치료동맹으로 이어지게 된다.

을 전달하고 싶은 욕구가 더 클 것이다. 만약 상담자가 귀를 기울여 내담자의 그러한 욕구를 충분히 충족시켜 주지 않으면 상담자와의 관계 형성 자체가 어려워진다. 상담자의 주의 깊은 경청을 통해서 내담자는 자신이 충분히 존중받고 있다는 것을 느끼게 되고, 자신의 감정을 충분히 털어놓으면서 부정적인 감정을 정화할 수 있으며, 상담자는 내담자의 심정을 이해하게 된다. 이를 통해서 상담자와 내담자 간에는 신뢰관계가 형성되고, 이는 곧 치료동맹으로 이어지게 된다(송동림, 2010).

4. 경청의 방법

상담자가 경청의 중요성을 알고 온전히 경청하고자 하더라도 의외로 경청은 쉽지 않다. 우선, 상담자의 육체적 피로나 쾌적하지 않은 환경적 요인은 경청에 영향을 미친다. 상담자가 제대로 경청하기 위해서는 건강한 신체뿐 아니라 상담에 적절한 시간 배분과 휴식이 필요하다. 상담실 주변의 소음, 지저분함, 지나치게 밝거나 어두운 조명, 냉난방 시설도 경청에 영향을 끼치므로 상담실을 쾌적하게 유지하도록 해야 한다.

온전한 경청을 위해서 상담자는 자기 문제를 해결하고 선입견이나 편견에서 벗어나 성숙한 인격을 바탕으로 내담자의 숨은 메시지까지도 놓치지 않아야 한다.

경청을 방해하는 상담자 요인에는 여러 가지가 있다(Brems, 2005). 상담자가 자신의 문제를 가지고 있는 경우, 상담을 하게 되면 내담자의 말을 왜곡해서 듣거나 제대로 들을 수 없다. 또한 상담자가 선입견이나 편견을 가지고 내담자를 평가하게 되면 경청하기보다는 충고하기 쉽다. 그리고 상담자가 기술적인 면에서 내담자 문제의 원인, 동기, 해결 방향성 등을 섣부르게 판단하고 잘못된 구조화를 하면 내담자의 이야기를 선택적으로 수용하거나 간과할 수 있다. 더불어 내담자가 드러내는 명백한 사실적인 내용만을 들을 경우에는 숨은 내용이나 감정적인 메시지를 놓치게 된다. 특히 내담자에게 전적으로 주의를 기울이는 대신에 자신이 어떻게 반응할지에 몰두하여 자기가 다음에 하고 싶은 말을 생각하고 있는 경우에는 대화의 중요한 내용을 놓치고 초점에서 벗어나게 된다. 또한 상담자가 돕고 싶은 마음이 앞설 경우, 자신의 문제와 내담자의 문제가 같아서 동병상련을 느낄 경우, 그리고 내담자에게 동정심을 가지는 경우에도 내담자를 객관적으로 파악하고 내담자의 이야기를 경청하는 데 방해를 받는다. 따라서 상담자는 온전한 경청을 위해서 자기 문제를 해결하고 성숙한 인격을 형성해야 한다.

경청의 방법

- 건성으로 듣지 않고 본질적인 내용이 무엇인지 파악하는 데 초점을 맞춰서 적극적으로 듣는다.
- 자신의 생각이나 판단의 방해를 받지 않고 정확하게 듣는다.
- 세세한 부분에 얽매이기보다는 핵심적인 메시지와 감정을 확인하고 의미를 듣는다.
- 내담자가 맥락상 중요한 내용을 빠뜨리고 말하는지 주목하며 듣는다.
- 상담자 자신에게서 일어나고 있는 행동과 정서에 대해서도 자각하며 듣는다.

Egan(1994)은 완벽한 경청을 위해서 다음의 네 가지가 요구된다고 했다. 첫째, 언어적 메시지를 듣고 이해해야 한다. 둘째, 내담자가 나타내는 자세, 표정, 몸의 움직임, 목소리 등의 비언어적 표현을 관찰하고 읽을 수 있어야 한다. 셋째, 내담자의 상황 속에서 그를 볼 수 있어야 한다. 넷째, 내담자가 언젠가는 깨닫고 변화시켜야 할 문제까지도 들을 수 있어야 한다.

완벽한 경청을 위해 상담자는 내담자의 ① 언어적 메시지, ② 비언어적 표현, ③ 내담자의 상황, ④ 앞으로 변화시켜야 할 문제까지 파악하며 들어야 한다.

예를 들면, 지친 표정으로 상담시간에 빠듯하게 맞추어서 온 내담자가 다음과 같이 이야기를 하고 있다. 이때 상담자가 완벽한 경청을 하려면 어떻게 해야 할까?

> 상담하는 것 자체는 좋은데 시간에 쫓기니까 힘이 들어요. 그래도 처음에는 마지못해 왔다가 지금은 마음이 좀 열린 것 같아요.
>
> 요즘 딱히 떠오르는 문제는 없고, 시간 압박 때문에 스트레스가 심해요. 어제는 상담이 예약되어 있었는데 선배가 모이라고 해서 아무 소리 못하고 갔어요. 막상 가니까 별 특별한 것도 없이 끝나서 화났어요. 그때 떠오른 생각은 '선배이면 다인가? 그래 봐야 학부생인데' 였어요. 선배들이 한심했어요. 학과 생활 압박이 너무 커서 짜증이 나요.
>
> 부모님은 저에게 유학을 가거나 공무원 시험을 준비하라고 하세요. 그래서 공무원 시험에 대한 인터넷 강의를 듣고 있어요. 유학도 생각 중인데 심리학을 전공하려고 해요. 아는 교수님께서 심리학이 유망하다고 해서요.

첫째, '내담자가 시간에 쫓겨서 상담에 오기가 힘들고, 특별한 일이 없는데 모이라고 한 선배에게 화가 났고, 대학생활에서 느끼는 압박감 때문에 짜증이 났으며, 부모의 뜻에 따라 공무원 시험을 준비하고 있구나' 하고 내담자의 언어적 메시지를 파악해야 한다.

둘째, 내담자의 비언어적 메시지를 살펴서 '지친 표정으로 상담시간에 빠듯하게 맞추어서 온 것으로 보아 대학생활에서의 시간적 압박감으로 상담시간을 내는 것조차 스트레스구나' 하고 내담자를 이해해야 한다.

셋째, 내담자의 상황을 고려해 보면 내담자는 주체성과 독립성을 발달시켜야 하는 대학생이지만 아직 자신의 뜻보다는 부모의 의견이나 다른 사람의 말에 의지해서 살고 있다고 볼 수 있다. 그러한 상황에서 내담자는 다른 사람의 뜻에는 따르지만 불만과 화가 있는 것으로 추측할 수 있다.

넷째, '내담자는 자신의 문제를 성찰하지 못할 뿐 아니라 선배에게 예약된 상담시간조차 주장하지 못하고 있고, 진로에 대해서도 부모의 의견에 전적으로 따른다. 따라서 내담자가 앞으로 성장하고 변화하기 위해서는 자신의 의존심을 깨닫고, 자신의 삶에 책임을 지고 자기를 주장할 수 있도록 하는 것이 필요하겠구나' 하고 내담자가 변화해야 하는 내용을 파악한다.

이처럼 효과적인 경청은 언어로 표현된 명백한 내용뿐만 아니라 음성이나 몸짓 등으로 표현되는 명백히 드러나지 않은 내용도 함께 이해하는 것이다. 또한 내담자에게 반복적으로 나타나는 행동이나 정서 등 내담자의 경향성까지 파악하는 것이다.

한편으로 상담자의 입장에서 내담자가 상담을 연기하고 상담시간에 빠듯하게 온 사실은 내담자의 생활에서 상담이 우선순위에서 밀리거나 상담에 대한 동기가 부족한 것으로 이해할 수 있다. 이런 경우, 초보상담자는 내담자에게 화가 나거나 자신의 능력 문제로 생각하여 위축될 수 있다. 이렇게 되면 경청은 어렵다. 따라서 상담자는 먼저 자신의 무의식적 역동과 그것의 지배로부터 벗어나 자유로울 수 있어야 한다. 이를 위해 상담자는 먼저 상담에 방해가 되는 자신의 역전이 반응과 부정적 역동을 개인상담을 통해 제거하여 성숙한 인격을 갖추고자 하는 노력이 필요하다. 이러한 과정을 통해 상담자의 자아 영역이 확대될 것이며, 내담자를 이해하고 공감, 수용하는 능력이 무한히 넓어질 수 있을 것이다.

TIP 효과적인 비언어적 의사소통과 경청

1. 내담자의 외모와 옷차림 등을 통해 내담자의 자기관리 능력과 사회적 능력 등을 평가할 수 있다.
2. 상담자는 내담자와 상황에 맞는 외모 및 태도로 내담자를 이해하고 그에 맞추고 있다는 것을 표현한다.
3. 상담자는 내담자의 비언어적 표현을 그의 상황과 대화의 맥락에 맞게 해석해야 한다.
4. 상담자는 목소리의 크기, 높낮이, 말의 속도를 내담자에게 맞추어서 반응해야 한다.
5. 상담실에서 앉는 자리의 선택, 상담자와의 거리 등으로 개인적 공간에 대한 내담자의 욕구를 이해할 수 있다.
6. 상담자는 내담자의 침묵, 상담의 시작과 연장 등 시간 사용에서 그의 욕구를 해석할 수 있다.
7. 상담자의 기다리는 제스처, 끄덕이기, 미소 짓기, 온화한 목소리, 안정적인 시선 접촉 등은 공감과 이해를 표현한다.
8. 쾌적한 상담실 환경은 경청을 위한 중요한 요소다.
9. 상담자의 신체적 건강 유지와 선입견의 배제, 상담자 자신의 문제해결은 효과적인 경청을 위해 필요한 요소다.
10. 완벽한 경청은 내담자의 언어적 메시지뿐 아니라 비언어적 행동, 내담자의 상황, 내담자의 문제까지도 듣는 것이다.

연습문제 I

● **다음은 비언어적 의사소통과 경청 기법에 대한 설명이다. 맞으면 ○, 틀리면 × 표시하시오.**

설 명	○ / ×
1. 상담자가 책상 앞에서 다리를 꼬고 앉아 연필을 돌리며 등을 기대고 앉아 있는 자세는 내담자에게 관심이 없는 것으로 비추어질 수 있다.	
2. 상담자의 무릎이 내담자의 무릎과 거의 닿을 정도로 가까이 앉는 것은 상담자와 내담자의 거리를 좁혀서 상담관계 형성에 도움이 된다.	
3. 상담자가 의자에 자연스럽게 앉아서 내담자 쪽으로 몸을 약간 기울이는 자세는 내담자에게 관심을 기울이는 안정적인 자세라고 할 수 있다.	
4. 상담자의 제스처는 이야기 주제에 따라서 적절하고 자연스러워야 한다.	
5. 상담자의 말 속도는 너무 빠르거나 느리지 않아야 한다.	
6. 상담자가 비언어적으로 따뜻한 관심을 전달하면 내담자는 자기 자신의 문제를 더욱 많이 토로하게 되어 내담자의 문제를 파악하기 쉬워진다.	
7. 상담자는 내담자가 이야기를 중단하고 생각을 하고 있는 경우에도 응시하고 지속적인 시선 접촉을 하여야 한다.	
8. 상담자의 온화하고 감정이 풍부한 목소리는 내담자를 이완시키고 문제에 주의를 기울이도록 도울 수 있다.	
9. 상담자가 돕고 싶은 마음을 가지고 동정적인 자세를 보이는 것은 내담자의 문제를 잘 이해하는 데 도움이 된다.	
10. 상담자가 적절한 시간을 배분하여 휴식을 취하는 것은 쾌적한 상담실 환경을 유지하는 것과 마찬가지로 중요하다.	

모범 답 1. ○ 2. × 3. ○ 4. ○ 5. ○ 6. ○ 7. × 8. ○ 9. × 10. ○

연습문제 Ⅱ

● **(1~5) 다음 문제에 제시된 내담자의 언어적 반응과 비언어적 반응에 대한 설명으로 적합한 것을 고르시오.**

1. 직장 일과 학업을 병행하는 것의 어려움을 호소하는 중년의 여성 내담자가 입술을 다물고 있다가 이야기를 꺼낸다.

> **내담자**: 저는 해야 할 일이 너무나 많다고 느껴요. 직장 일만 있는 게 아니고 늦은 나이에 시작한 공부와 집안일까지……. 그래서 항상 긴장이 돼요.

① 피곤하고 졸린 상태다.
② 스트레스가 많고 분노의 감정이 있다.
③ 슬픔과 혼란스러움을 겪고 있다.

해설 내담자가 입술을 다물고 있다가 많은 일과 그로 인한 긴장감에 대해 이야기하는 것으로 볼 때, 내담자는 현재 스트레스가 많고 그로 인해 자신이나 타인에 대해 분노의 감정을 가지고 있다고 추측할 수 있다.

모범 답 ②

2. 학업에 대한 스트레스를 호소하는 학생 내담자가 주먹을 쥐고 큰 목소리로 빠르게 말하고 있다.

> **내담자**: 공부가 정말 하기 싫어요. 왜 공부를 해야 하는지 모르겠어요. 공부하라고 엄마가 잔소리할 때마다 집을 뛰쳐나가고 싶어요.

① 공부에 대한 스트레스로 초조하고 불안한 마음을 가지고 있다.
② 공부에 대해 무관심하고 회피하고 있다.
③ 공부를 강요하는 어머니에 대한 분노가 폭발 직전이다.

해설 주먹을 쥐고 큰 목소리로 빠르게 말하는 비언어적 메시지와 어머니가 잔소리할 때 집을 뛰쳐나가고 싶다는 언어적 메시지를 종합해 볼 때, 내담자는 하기 싫은 공부를 강요하는 어머니에 대한 분노가 크다는 것을 알 수 있다.

모범 답 ③

3. 취업 준비생인 내담자가 얼굴에 미소를 지으면서 다음과 같이 말하고 있다.

> **내담자:** 모르겠어요. 뭘 선택해야 할지……. 그리고 뭘 선택하더라도 취직이 될 것 같지도 않아요.

① 꼭 취업해야 한다는 집착이 없고 감정을 잘 통제하고 있다.
② 취업 실패에 대한 좌절과 낙담을 회피하거나 부정하고 있다.
③ 취업에 대한 스트레스로 불안해하고 있다.

해설 뭘 선택해도 취직이 되지 않을 것 같다고 낙담하는 언어적 메시지와 얼굴에 미소를 짓는 비언어적 메시지가 일치하지 않는다. 이는 현재의 심정을 회피하고 부정하는 것으로 볼 수 있다.

모범 답 ②

4. 고시에서 번번이 낙방한 내담자가 고개를 늘어뜨리고 다음과 같이 말하고 있다.

> **내담자:** 선생님 전 너무 힘들어요. 그동안 열심히 노력했지만 이젠 아무것도 하기 싫습니다. 지쳤습니다.

① 좌절로 인한 슬픔과 무기력의 상태다.
② 감정적인 통제 상실을 두려워하는 상태다.
③ 깊은 사색과 집중의 상태에서 빠져나와 이완된 상태다.

해설 아무것도 하기 싫고 지쳤다는 언어적 메시지로 슬픔과 무기력의 상태임을 설명하고 있고, 고개를 늘어뜨리는 비언어적 메시지로도 이를 보충하고 있다.

모범 답 ①

5. 내담자가 직접적인 시선 접촉을 하지 않고 호흡을 짧게 하면서 상기된 얼굴로 울먹이며 다음과 같이 말하고 있다.

> **내담자**: 많은 사람과 함께 있을 때 기분이 이상해요. 어떻게 해야 할지 모르겠어요. 무서워요.

① 자신의 두려운 감정 때문에 상담자를 거부하고 있다.
② 많은 사람과 있을 때 두려움을 억압하고 있다.
③ 많은 사람과 있을 때의 두려움을 회상함으로써 그 감정을 실제 느끼고 있다.

해설 많은 사람과 있을 때 두려움을 느낀다는 언어적 메시지와 함께 나타난, 직접적인 시선 접촉을 하지 않고 호흡을 짧게 하면서 상기된 얼굴로 울먹이는 내담자의 비언어적 메시지는 내담자가 현재 그 감정을 느끼고 있다고 추측할 수 있게 한다.

모범 답 ③

● **(6~8) 다음 문제에서 제시된 내담자의 상황과 문제에 맞는 상담자의 비언어적 반응으로 적합하지 <u>않은</u> 것을 고르시오.**

6. 한 달 전에 남편이 병으로 사망한 미망인인 내담자가 울면서 남편과의 사별에 대해 이야기하고 있다.

> **내담자**: 남편이 한 달 전에 죽었어요. 암으로 오랫동안 고생하다가…….
> **상담자**: 남편이 돌아가셨다니 매우 안타깝습니다.

① 낮고 따뜻한 목소리
② 개방적이고 편안한 얼굴
③ 미소를 짓는 얼굴과 빠른 말투

해설 내담자가 슬픈 이야기를 하고 있을 때 내담자의 말에 속도를 맞추어서 낮고 따뜻한 목소리와 자세로 말하는 것은 내담자에게 경청 받고 이해받고 있다는 느낌을 주는 데 도움이 될 것이다. 반대로 미소를 짓는 것이나 빠른 말투는 내담자가 공감받지 못하는 것으로 느끼게 한다.

모범 답 ③

7. 고등학생인 여성 내담자가 최근에 친구로부터 받은 마음의 상처를 이야기하고 있다.

> **내담자:** 저는 옷도 빌려 주고 책도 빌려 주고 그 친구를 위한 것이라면 다 해 줬어요. 그런데 그 친구는 그렇지 않았어요.
>
> **상담자:** 서운한 마음이 이해가 되네.

① 쌀쌀한 표정으로 다리를 꼬고 있는 자세
② 앞으로 구부린 자세로 고개를 끄덕임
③ 부드럽고 온화한 목소리

해설 내담자가 자신이 받은 마음의 상처를 말하고 있을 때 쌀쌀한 표정으로 다리를 꼬고 있다면 내담자는 비판과 거부의 느낌을 받게 되고, 상담자가 자신의 이야기에 관심이 없거나 자신을 좋아하지 않는다고 생각할 수 있다.

모범 답 ①

8. 대학생활이 힘들어서 휴학한 여성 내담자가 가족관계에서의 소외감을 호소하고 있다.

> **내담자:** 저는 가족이 남들보다도 친밀하지 못하다는 생각이 들어요.

① 따뜻하고 온정적인 표정
② 이야기에 집중하고 계속 이야기하도록 격려
③ 고개를 끄덕이면서 호기심에 찬 눈으로 쳐다봄

해설 내담자가 개방하기 어려운 이야기를 할 때 호기심에 찬 눈으로 보게 되면 내담자는 자신이 뭔가 잘못되었거나 비난받지 않을까 당혹스러워하며 위축될 수 있다.

모범 답 ③

● (9~10) 다음 문제에서 제시된 내담자의 이야기에 대해 적극적으로 경청하는 상담자의 내적 대화(internal conversation)로 적합한 것을 고르시오.

9. 어머니에 대한 미운 감정을 억압하고 있던 내담자가 갑자기 배가 아파서 혼자 병원 응급실에 갔다는 이야기를 하고 있다.

> **내담자:** 갑자기 배가 너무 아파서 병원을 가야겠더라고요. 그런데 엄마는 집에 안 계시고……. 엄마에게 전화를 할까 하다가 혼자 병원에 갔어요.

① '어머니를 미워하는 마음이 문제야. 이것을 바꾸어야 해.'
② '병원에 혼자 가면서 얼마나 외롭고 쓸쓸했을까. 내담자는 불쌍한 사람이야.'
③ '내담자는 응급실로 가야 하는 긴급한 상황에서도 어머니의 도움을 꺼릴 만큼 어머니에 대한 화나 미움이 있구나.'

해설 ①번은 내담자의 마음을 이해하기에 앞서 내담자가 어머니를 미워하는 것이 문제라고 본다. 이처럼 내담자의 관점을 이해하지 않고 문제해결을 우선시하는 경청 태도는 내담자에게 이해받지 못하고 있다는 느낌을 갖게 한다. ②번은 상담자의 고정관념으로 내담자를 왜곡하여 이해하고 동정함으로써 내담자의 감정에 공감하지 못하고 있다. ③번은 상담자가 내담자의 이야기에서 핵심적인 메시지와 감정을 확인하고 있다.

모범 답 ③

10. 직장인인 내담자가 초조하게 시선을 맞추며 딱딱한 목소리로 점점 자신의 생활이 안정되어가고 있다고 말하고 있다.

> **내담자:** 드디어 생활이 안정되어 가는 것 같아요. 대체로 기분도 좋고 자신감도 생겨요. 직장에서도 일이 잘되고요.

① '이제 상담의 성과가 나타나고 있구나.'
② '종결을 하기 위한 적절한 시점이 되었으니 어떻게 말을 할까?'
③ '시선이나 목소리는 안정되어 있지 않은데 생활이 안정되어 간다고 말하고 있구나.'

해설 ①번은 단순하게 내담자의 언어적 메시지만을 듣고 있다. ②번은 다음에 무엇을 말할지 생각하느라 내담자의 메시지를 놓치고 있다. ③번은 적극적 경청의 태도로 내담자의 비언어적 메시지와 언어적 메시지의 불일치를 파악하고 있다.

모범 답 ③

연습문제 Ⅲ

● **(1~5) 아래에 제시된 각 내담자의 상황이나 반응에 대해 상담자로서 적합한 비언어적 표현 반응을 해 보시오.**

1. 다음의 사례에서 상담자가 내담자의 외모 중 관심을 기울여야 할 요인은 무엇인가? 그리고 내담자와 상담하는 상담자의 옷차림이나 치장은 어떠해야 하는가?

> 다문화 가정의 이주 여성을 대상으로 상담하는 다문화가정 지원센터의 상담자가 남편의 폭력을 견디다 못하여 센터를 방문한 이주 여성을 상담하고 있다.

해설 및 모범 답 일반적으로 상담자는 내담자의 신체적인 건강 상태, 상처, 몸단장과 청결 상태, 옷차림 등에 관심을 기울이고 내담자의 상태를 평가해야 한다. 이 사례에서는 특히 내담자의 신체에서 발견되는 폭력의 흔적이나 후유증을 살펴보고 폭력의 심각성을 평가해야 한다. 또한 상담자의 옷차림에서 상담자는 내담자를 이해하고 내담자에게 맞추고 있다는 것을 표현해야 하므로 사회경제적 어려움이 있는 이주여성들과 상담할 때 지나친 장식을 하거나 값비싼 옷을 입는 것은 부적절하다. 더불어 상담자는 지저분하거나 노출이 심한 옷도 삼가해서 내담자를 존중한다는 비언어적 메시지를 표현하는 것이 좋다.

2. 친구와의 관계에서 소외감을 느끼고 있는 내담자가 친구 관계에 대한 회의감을 말하고 있다. 이 사례에서 상담자의 시선 접촉과 자세는 어떠해야 하는가?

> **내담자:** 다른 친구들 보면 서운한 것도 털어놓고 친밀해지고 그러던데……. 제 친구들은 숨겨 버리고 그냥 속상해하고 마니까 갈등이 오래가고 서운함도 있어요.

해설 및 모범 답 관계에서 소외감을 느끼는 내담자에게 관심이 있다는 것을 보여 주기 위해 직접적인 시선 접촉을 유지하는 것이 필요하다. 그러나 상담자가 집요한 눈빛으로 쳐다보면 내담자는 당황스러워할 것이다. 계속 바라보되, 상대방의 이야기에 고개를 끄덕이며 온정을 표현함으로써 내담자가 다음 이야기를 계속할 수 있도록 격려하는 것이 필요하다. 자세 면에서는 상담자가 경직된 자세로 앉아 있으면 내담자도 긴장하게 되고, 너무 느긋한 자세로 앉아 있으면 내담자는 자기가 지루하게 만들고 있는 것은 아닐까 생각하며 문제 털어놓기를 주저할 수 있다. 따라서 편안한 자세로 전문가적 태도를 가지고 앉아 있는 것이 좋다.

3. 회사에서 동료와 업무 협조를 하는 데 어려움을 겪고 있는 내담자가 분노를 통제하기 어렵다는 호소를 하며 서럽게 울고 있다. 이 사례에서 상담자의 음성은 어떠해야 하는가?

> **내담자:** 일처리 능력을 가진 사람이 많지 않아요. 후배가 일을 맡았는데 내가 필요한 일을 해 달라고 말해도 안 들어주고 답답해요. 저를 무시하는 행동이 이해가 안 가요. 회사를 그만두고 싶어요.

해설 및 모범 답 상담자가 내담자에게 맞게 음색을 조절하는 것이 상담관계를 맺는 데 유용하다. 이 내담자는 분노의 감정 때문에 높은 목소리와 빠른 속도로 이야기를 시작했을 것이다. 이때 상담자는 내담자가 조금이라도 이완되고 흥분이 가라앉을 수 있도록 돕기 위해서 안정적인 목소리와 느린 속도로 반응하는 것이 필요하다.

4. 다음 사례에서 상담자가 해석할 수 있는 내담자의 비언어적 표현은 무엇인가?

대인관계에서 어려움을 겪고 있는 내담자가 "직장에서 다른 사람들이 다가오는 것이 부담스러워요"라고 하며 처음 온 상담실에서 상담자와 거리를 두고 앉아 있다.

해설 및 모범 답 내담자와 상담자의 거리를 통해서 상담자는 대인관계에서 거리를 둠으로써 안정감을 느끼려고 하는 내담자의 욕구를 이해할 수 있다. 상담자는 처음 온 상담실에서 내담자가 가지는 긴장감을 이해하고, 부드럽고 따뜻한 시선으로 그러한 욕구를 존중한다는 점을 표현하는 것이 좋다.

5. 아버지의 폭력과 가정불화를 겪은 내담자가 어릴 때의 상황을 떠올리면서 말하기 싫은 얼굴로 기억이 나지 않는다고 하며 오랫동안 침묵하고 있을 때 상담자의 반응은 어떠해야 하는가?

내담자: 초등학교 전인 것 같은데 구체적인 기억이 떠오르지 않아요.

해설 및 모범 답 내담자가 침묵하는 동안 내담자의 비언어적 메시지를 살필 필요가 있다. 탐색을 하고 있는 시간이라면 기다려 주어야 하지만, 표현하기 어려워하거나 개방을 꺼리는 것이라면 상담자는 그때의 감정을 공감해 주는 것이 효율적이다. 예를 들면, 말하기 싫은 감정임을 이해하고 "이야기를 멈추는 것을 보니 말하기 어려운 모양이군요" 하고 내담자의 감정을 읽어 주는 것이 좋다.

● **(6~9) 아래에 제시된 내담자의 상황이나 반응에 대해 효과적인 경청을 연습해 보시오.**

> 취업 공부를 하고 있는 내담자가 눈을 잘 맞추지 않고 곰곰이 생각하면서 천천히 작은 목소리로 수줍게 말을 하고 있다.
> "이상하게 최근에 집중이 잘 안 되더라고요. 책상에 앉으니까 잡생각도 많이 들고. 제가 잠을 잘 못 자거든요. 자다가 조그만 소리에도 잘 깨고요. 그게 또 공부하는 데 방해도 되고 하니까. 제가 자취를 하는 이유도 집에서 나오면 좀 조용하고 신경이 덜 쓰일 것 같아서예요."
> "신문 같은 거 보니까 잠을 잘 못 자면 우울증이 온다고 해서. 이틀 전에도 잠을 잘 못 잤거든요. 옛날처럼은 아닌데 그렇게 될까 봐. 잠을 잘 못 자면 공부도 안 되고……."

6. 내담자의 비언어적 메시지는 무엇인가?

____

____

해설 및 모범 답 눈을 잘 맞추지 않고 곰곰이 생각하면서 천천히 작은 목소리로 수줍게 말하는 것을 볼 때 내담자는 심리적으로 위축되어 있고 불안하고 우울해하고 있다고 짐작할 수 있다.

7. 내담자의 언어적 메시지는 무엇인가?

____

____

해설 및 모범 답 잠을 잘 자지 못하고 심리적으로 안정되지 못하여 공부를 해야 하는데 집중이 안 되고 있다. 예전과 같은 우울증이 생길까 봐 두렵다.

8. 내담자의 상황은 어떠한가?

해설 및 모범 답 공부를 해서 취업을 해야 한다는 압박감 속에서 가족과 동거하지 않고 혼자 생활하고 있다.

9. 내담자가 깨닫고 변화시켜야 할 내용은 무엇인가?

해설 및 모범 답 내담자에게는 우울과 불안의 증상 완화가 필요하다. 그러기 위해서 우울증이 올까 봐 스스로 두려워하는 것을 알고 우울의 증상이 과거의 어떤 경험이나 비합리적 신념에서 비롯되었는지 탐색하고, 우울한 감정에 대처하는 자기관리 방법을 배워야 한다.

실습훈련

● **다음과 같이 관심 기울이기의 자세를 실습해 본다.**

진행 방법

두 사람이 짝이 되어 말하는 사람과 듣는 사람의 역할을 번갈아 가며 맡는다. 가능하면 각각의 짧은 대화를 녹음 혹은 녹화한 뒤에 토론한다.

1. 말하는 사람은 일상적인 주제로 자신의 감정이나 생각에 대해서 이야기한다. 이때 듣는 사람은 말하는 사람과 시선을 맞추지 않은 채 팔짱을 끼고 다른 곳을 본다(3분). 다음에는 태도를 바꾸어서 시선을 맞추고 경청의 자세를 취하며, 가끔씩 고개를 끄덕인다(3분).
2. 말하는 사람은 자신을 소개한다. 한 번은 건조하고 딱딱한 말투로 자신에 대해서 소개한다(2분). 이어서 따뜻하고 부드러운 말투로 자신을 소개해 본다(2분). 듣는 사람은 적극적인 경청의 자세로 듣는다.

상담 후 토론

모든 참여자는 녹음 · 녹화된 대화 장면과 관심 기울이기 자세 실습지를 활용하여 관심 기울이기 자세가 대화에서 어떻게 작용하는지와 비언어적 메시지의 중요성에 대해 토론을 한다.

관심 기울이기 자세 실습 관찰지

소속: 이름:

• 짧은 대화를 상기하여 아래의 물음에 답하시오.

1. 내가 말하는 동안 상대방이 관심을 기울이지 않을 때 어떤 기분이었는지 적어 보시오.

2. 상대방이 나의 이야기를 경청할 때 어떤 기분이었는지 적어 보시오.

3. 상대방의 목소리와 말투에 대한 피드백을 적어 보시오.

● 다음과 같이 비언어적 의사소통 기법을 실습해 본다.

진행 방법

3명이 한 조가 되어 내담자, 상담자 및 관찰자 역할을 번갈아 가며 맡는다. 가능하면 각각의 짧은 상담을 녹음이나 녹화한 뒤 토론을 한다.

• 상담자 역할

내담자의 비언어적 의사소통을 이해하고 상담관계를 형성하는 상담자의 비언어적 반응을 연습해 본다.

• 내담자 역할

자신의 경험 중에서 가장 걱정스럽거나 두려웠던 일 혹은 강한 감정을 일으켰던 주제에 대해 상담한다.

• 관찰자 역할

녹음 · 녹화 장비를 작동시키고 비언어적 의사소통에 주의를 기울여 연습상담을 관찰한 후, 비언어적 의사소통 실습 관찰지를 작성하면서 관찰 내용을 메모한다.

상담 후 토론

모든 참여자는 녹음 · 녹화된 상담 장면과 비언어적 의사소통 실습 관찰지를 활용하여 각 상담이 어떻게 진행되었는지, 어떤 비언어적 의사소통이 가장 유용했고 그 이유는 무엇인지, 어떤 어려움이 있었는지, 그리고 개선 방안은 무엇인지에 대해 토론한다.

비언어적 의사소통 실습 관찰지

소속: 이름:

• 관찰자는 상담실습 장면을 관찰하여 아래의 점검표를 작성하고 물음에 답하시오.

1. 내담자의 비언어적 메시지에 대해 간략히 기술하시오.

2. 다음의 영역에 대한 상담자의 비언어적 반응 점수에 ∨표를 하시오.
   (상담자의 반응이 적절할수록 높은 점수를 준다.)

상담자 반응	1	2	3	4	5
적절한 눈 맞춤					
공감적 자세					
상황에 맞는 목소리					
적절한 제스처					

3. 상담자 반응 중에서 장점과 보완할 점을 적어 보시오.

질문

2

질문으로 파고드는 사람은
이미 그 문제의 해답을 반쯤 얻은 것과 같다.

-Francis Bacon-

학습목표

1. 개방형 질문이 필요한 경우를 알고 탐색적 질문을 할 수 있다.
2. 피해야 할 질문의 형태를 안다.
3. 개방형 질문의 유형을 응용하여 상황에 맞는 질문을 할 수 있다.
4. 폐쇄형 질문이 필요한 경우를 알고 적절한 질문을 할 수 있다.

내담자의 정보를 탐색하는 질문 유형에는 개방형 질문과 폐쇄형 질문이 있다. 폐쇄형 질문은 내담자에게 "네" "아니요" 혹은 짧은 사실적 답변을 하게 하여 정보를 한정하는 것이며, 개방형 질문은 내담자가 자유롭게 대답함으로써 내담자의 상황과 심리에 대해 구체적으로 탐색하고 더 상세한 답변을 하게 하는 질문이다. 개방형 질문의 목적은 내담자가 자신의 생각과 감정을 탐색하여 자기를 드러낼 수 있도록 하고 지속적인 의사소통을 촉진하는 것이다. 따라서 상담에서는 내담자의 제한적인 정보를 명확하게 하기 위해 폐쇄형 질문을 하는 경우를 제외하고는 주로 개방형 질문이 이루어진다. 상담자는 내담자가 그 자신의 문제에 대해서 깊이 생각하고 드러낼 수 있도록 내담자에게 적합한 질문을 사용할 수 있어야 한다.

개방형 질문은 한정된 답을 요구하지 않고 내담자가 자신의 문제에 대해 깊이 생각하고 드러낼 수 있도록 질문하는 것이다.

질문을 사용할 때 상담자는 내담자에게 신문하는 것처럼 들리지 않도록 목소리를 낮고 부드럽게 유지하며 천천히 말해야 한다. 또한 내담자가 가장 에너지를 쏟고 있는 주제에 대해 짧고 쉬운 형태로 질문해야 하며, 같은 종류의 개방형 질문을 반복적으로 사용하기보다는 내담자를 이해하고 있다는 공감반응과 함께 사용해야 한다.

질문은 부드러운 목소리로 천천히 해야 하며, 내담자가 초점을 두고 있는 주제에 대해 알아듣기 쉬운 말로 공감반응과 함께 사용해야 한다.

1. 개방형 질문의 필요성

개방형 질문의 필요성은 다음과 같다. 첫째, 내담자에게 더 많은 이야기를 할 수 있는 기회를 준다. 이것은 특히 상담을 시작할 때 도움이 된다. 예를 들면, "오늘은 무엇부터 이야기를 할까요?" 혹은 "우리가 지난번에 같이 이야기를 나눈 후에 어떻게 지냈어요?" 하고 상담을 시작할 수 있다.

둘째, 내담자가 특정한 문제를 구체적으로 탐색하도록 하는 데 도움을 줄 수 있다. 예를 들면, "당신의 학교생활에 대해서 좀 더 이야기해 줄 수 있나요?" 혹은 "그 일이 일어났을 때 어떻게 느꼈지 말씀해 주실 수 있겠어요?" 하고 내담자가 스스로 구체적인 상황과 감정을 탐색해 보도록 할 수 있다.

> 질문은 내담자가 자신의 문제에 초점을 맞추어서 깊은 탐색을 하게 한다.

셋째, 내담자가 말하고 있는 것을 상담자가 더 잘 이해할 수 있게 한다. 예를 들면, "구체적인 예를 들어 보시겠어요?" "우울해질 때는 무엇을 하세요?" 혹은 "아버지는 무책임한 사람이라고 했는데 그것은 무슨 의미지요?"라고 질문함으로써 내담자의 행동이나 경험을 이해할 수 있다.

> 질문은 내담자가 설명하는 모호한 내용을 명확하게 한다.

넷째, 내담자가 자기의 느낌과 생각에 주의를 기울이도록 한다. 예를 들면, "지금 그렇게 말하면서 당신은 어떤 감정을 느낍니까?" 혹은 "그것에 관해서 어떻게 생각하고 있습니까?"라고 말함으로써 내담자가 현재의 감정과 생각에 주의를 기울이도록 할 수 있다.

> 질문은 내담자의 감정과 생각을 명료하게 표현하게 한다.

이처럼 개방형 질문은 자신의 문제나 어려운 상황을 나누고 싶어서 상담실을 찾아온 내담자에게 그들의 문제를 상담자와 나눌 수 있도록 이끈다. 또한 상담에서 이야기를 풀어 가는 책임을 내담자에게 두고 내담자가 상담자의 평가와 판단에 따른 준거 기준에 강요받지 않으면서 자신의 태도, 감정, 가치관, 행동 등을 탐색하도록 한다.

> 질문은 상담자가 내담자에게 충분한 관심과 호기심을 가지고 있음을 표현하게 한다.

2. 개방형 질문의 유형

질문을 할 때에는 의도와 목적을 가지고 해야 한다. 어떤 의도와 목적을 가지고 질문을 하느냐에 따라 개방형 질문의 유형을 나누어 보면 사실을 수집하기 위한 질문, 내담자의 경험을 구체화하는 질문, 그리고 상황에 관한 주관적인 느낌과 생각을 탐색하는 질문으로 나누어 볼 수 있다. 효과적인 질문을 하기 위해서 상담자는 자신의 의도와 목적에 맞는 기본 질문을 숙지하고 있어야 한다.

〈표 2-1〉 **내담자의 상황과 관련된 사실을 수집하기 위한 질문**

탐색의 주제	질문의 예
현재의 문제	• 현재 제일 불편한 점은 무엇입니까? • 문제가 언제 발생했습니까? • 그 시기에 어떤 일이 있었습니까? • 얼마나 자주 문제가 발생합니까? • 그 문제가 얼마나 심각합니까? • 문제는 얼마나 오래 지속되었습니까? • 언제 처음으로 그 문제를 알았습니까? • 문제가 전혀 나타나지 않을 때는 언제입니까?
원가족의 가족사	• 어릴 때 누구와 함께 살았습니까? • 기억나는 아주 어릴 때의 일은 무엇입니까? • 정서적으로 누구와 가장 가까웠습니까? • 어머니는 어떤 분이십니까? • 아버지는 어떤 분이십니까? • 형제나 자매와는 어떻게 지냈습니까? • 어릴 때 반복적으로 꾸는 꿈이 있었습니까? • 어릴 때의 희망이나 바램은 어떤 것이었습니까?
현재 가족과의 관계	• 현재 누구와 함께 살고 있습니까? • 가족과의 관계에서 어려움은 무엇입니까?
대인관계의 패턴	• 어떤 사람과 친밀한 관계를 맺고 있습니까? • 친한 친구와 어떻게 지냅니까? • 학교생활은 어떠했습니까?
치료적 관계	• 지난 시간에 대해 어떤 생각이 떠오르지요? • 지난 시간에 대한 생각이나 기분 중 말하고 싶은 것이 있습니까? • 지난 시간에 가장 좋았던 점은 무엇입니까? • 지난 시간에 좋지 않았던 점은 무엇입니까? • 이번 시간에 도움이 되었던 점은 무엇입니까? • 이번 시간에 도움이 되지 않았던 점은 무엇입니까?

사실을 수집하기 위한 질문은 접수면접이나 초기면담에서 주로 이루어진다.

내담자의 상황과 관련된 사실을 수집하기 위한 질문 유형 내담자의 상황과 관련된 사실을 수집하기 위한 질문의 예를 〈표 2-1〉에 제시하였다. 이러한 질문은 상담자가 내담자의 현재 증상 및 문제를 비롯하여 생활의 여러 영역에서 자료를 수집하기 위한 접수면접이나 초기면담에서 주로 이루어진다.

구체화시키기 위한 질문 유형은 내담자가 자기의 경험 세계와 제대로 만날 수 있도록 한다.

구체화시키기 위한 질문 유형 내담자는 자신의 경험을 언어로 표현할 때 생략하거나 명료하지 않게 진술하기가 쉽다. 명료하지 못한 진술은 내담자가 자신의 경험을 제대로 이해하지 못하게 하므로 상담자는 내담자가 자기의 경험 세계와 만날 수 있도록 구체화시키는 질문을 하는 것이 필요하다.

〈표 2-2〉 구체화시키기 위한 질문 유형

진술의 문제점	질문의 예
구체적 내용이 생략된 경우	• 무엇이 그렇습니까? • 구체적으로 누가 그렇습니까? • 어떤 상황에서 그렇습니까? • 어떤 점에서 그렇습니까?
내용이 명료하지 않은 경우	• 그것은 무엇을 의미합니까? • 구체적으로 어떤 경험이었는지 예를 들어 보시겠습니까?

주관적인 느낌과 생각을 탐색하는 질문 유형은 내담자의 상황에서 해결되지 못한 감정과 그러한 감정을 불러일으키는 지각체계를 이해할 수 있게 만든다.

상황에 관한 주관적인 느낌과 생각을 탐색하는 질문 유형 내담자가 특정한 상황에 대해 느끼는 주관적인 느낌과 생각을 탐색해 볼 수 있는 질문의 예다. 상담자는 이러한 질문을 통해서 내담자의 상황에서 해결되지 못한 감정과 그러한 감정을 불러일으키는 지각체계를 이해할 수 있게 된다.

〈표 2-3〉 주관적인 느낌과 생각을 탐색하는 질문 유형

탐색의 내용	질문의 예
주관적인 느낌	• 상처를 받았을 때 어떤 느낌이었습니까? • 그 감정의 강도는 어느 정도였습니까? • 그런 느낌에 대해서 어떤 감정을 갖게 되었습니까?
주관적인 생각	• 그때 어떤 생각을 하셨습니까? • 그때 어떤 기대를 하셨습니까? • 그때 어떻게 하고 싶으셨습니까?

3. 개방형 질문의 유의점

상담자가 질문의 형태로 말을 하더라도 내담자 자신을 드러내는 의사소통에는 도움이 되지 않는 것이 있다(Brems, 2005). 상담자가 조언, 판단, 추궁, 공격의 의도를 가진 질문을 할 경우 내담자는 심리적 압박을 받게 되고, 이는 상담관계에 부정적인 영향을 줄 수 있다. 또한 상담자가 호기심으로 내담자 문제의 초점에서 벗어난 질문을 할 경우에는 내담자의 문제가 모호해져 효과적인 상담을 할 수 없게 된다. 내담자가 방어 없이 자신을 탐색할 수 있도록 개방형 질문을 할 때는 다음 사항에 유의해야 한다.

첫째, 내담자에게 제안하는 형태의 질문은 삼가야 한다. 예를 들면, "체중 감량을 위해서 식사 조절을 해 보았나요?" 같은 질문은 내담자에게 조언의 형태로 들려서 반발심을 불러일으키고 상담관계를 손상할 수도 있다.

제안이나 추측을 담은 질문, 호기심으로 하는 질문, 비난으로 느끼게 하는 '왜' 질문, 한꺼번에 하는 여러 개의 질문은 상담에 도움이 되지 않는다.

둘째, 상담자의 추측이 들어 있는 질문은 삼가야 한다. 예를 들면, "지금은 관계가 많이 좋아졌지요, 그렇지요?" 하고 상담자의 추측을 넣어서 묻게 되면 내담자는 관계가 좋아졌다고 추측하는 상담자를 실망시키지 않기 위해서 진실하게 대답하지 못할 수 있다.

셋째, 상담자 자신의 호기심에 따른 질문은 삼가야 한다. 예를 들면, 어머니가 과보호한다는 이야기를 하고 있는 내담자에게 "엄마가 과보호하는 이유는 뭐지?" 하고 묻게 되면 답답함을 호소하고자 했던 내담자의 사고나 감정의 흐름을 끊을 뿐 아니라 논의의 초점이 내담자에게서 어머니로 바뀌게 되어 내담자의 생각과 감정을 탐색해 볼 수 있는 기회를 잃어 버리게 한다.

넷째, "왜 그랬어요?" 처럼 '왜' 질문은 유의해야 한다. 예를 들어, "왜 공부를 하기 싫어 하니?" 하고 물으면 내담자는 자신의 잘못을 비난하는 것으로 느끼게 되어 공격적이거나 회피적인 반응을 나타낼 수 있다. '왜'라고 물음으로써 행동이나 정서의 배경과 원인을 살펴볼 수도 있지만, 내담자를 비난하는 것으로 느끼게 하는 '왜' 질문은 내담자를 방어적으로 만들 수 있다.

다섯째, 상담자가 성급한 마음을 갖고 하는 질문은 삼가해야 한다. 예를 들어, "그래서 핵심이 무엇입니까?" 와 같이 묻게 되면 내담자는 놀라게 되고, 말을 하는 데 두려움을 느끼게 된다. 이러한 상담자의 성급한 마음은 내담자를 위축되게 한다.

여섯째, 한 번에 여러 개의 질문은 삼가야 한다. 예를 들어, "대인관계에서의 어려움은 무엇입니까? 어떤 감정을 느낍니까?" 하고 연속된 질문을 하게 되면 내담자는 어디에 초점을 둘 것인지 헷갈리게 되고 질문의 효과도 사라지게 된다.

> 질문에 지나치게 의존하거나 성급하게 내담자를 몰아붙이면 내담자는 방어적이게 된다.

일곱째, 질문에 지나치게 의존해서 상담을 진행하지 않도록 해야 한다. 계속적인 질문은 내담자에게 위협감을 줄 수 있고, 상담자가 상담을 혼자 통제하면서 내담자와의 상담을 부적절하게 끌고 가게 할 수도 있다. 예를 들어, 아내와 다투기 싫어서 나와 버렸다는 내담자에게 "화가 났어요?" "통제할 수 없을 만큼 화가 났어요?" 등으로 계속해서 질문을 하게 되면 내담자는 방어적이게 된다.

4. 폐쇄형 질문의 사용

폐쇄형 질문은 한두 마디의 답으로 상담자가 원하는 정보나 자료를 얻기 위해 사용된다. 폐쇄형 질문은 내담자가 자기 방식대로 이야기할 수 없게 하고 내담자의 자기탐색을 자극하지 못하기 때문에 상담의 상황에서는 개방형 질문이 더 유용하다. 그러나 구체적인 상황에 초점을 맞추거나 정확한 정보를 얻기 위해서는 폐쇄형 질문이 유용하다. 예를 들어, "이전에 심리상담을 받은 적이 있습니까?" 혹은 "신체적으로 불편한 곳은 없으세요?" 등의 폐쇄형 질문은 정보를 명확하게 얻을 수 있도록 한다. 내담자의 동의를 구할 때에도 "지금 내가 한 말이 맞나요?" "내가 제대로 이해했나요?"와 같은 폐쇄형 질문을 사용할 수 있다.

한두 마디의 답으로 상담자가 원하는 정보나 자료를 얻기 위해 사용하는 폐쇄형 질문은 구체적인 상황에 초점을 맞추거나 정확한 정보를 얻기 위해 사용할 때 유용하다.

또한 잠재적으로 위협적이거나 위험한 상황에서는 내담자에게 무슨 일이 일어났는지 직접적으로 물어보는 폐쇄형 질문이 유용하다. 특히 위기 상황이 올 수도 있는 다음과 같은 경우에 구체적인 정보를 얻고 그에 대한 약속을 받기 위하여 폐쇄형 질문을 하는 것이 매우 중요하다.

상담자: 자살을 하고 싶다는 생각을 한 적이 있으세요?

내담자: 네.

상담자: 실제로 자살을 시도해 보셨어요?

내담자: 네.

상담자: 어떻게 자살을 실행할 것인지 계획하고 있는 것이 있으세요?

내담자: …….

상담자: 자살을 하고자 하는 이유가 있을 텐데……. 그 이야기를

들어 보고 싶습니다. 그 전에 우선, 자살하지 않겠다고 약속해 줄 수 있으세요?

내담자: 네.

폐쇄형 질문이 유용한 경우

- 상담자가 원하는 특정한 정보나 자료를 얻고자 할 때
- 상담자가 내담자의 말을 이해했는지 확인하고 동의를 구할 때
- 위기 상황에 처했을 때

TIP 효과적인 질문

1. "오늘은 무슨 일에 대해 말씀하고 싶으세요?"라는 개방형 질문은 내담자의 말문을 열게 하고, 하고 싶은 이야기를 이어갈 수 있게 한다.
2. '왜'로 시작하는 질문은 추궁의 의미가 포함되어 있어서 내담자를 방어하게 하므로 피한다.
3. 이중 질문은 내담자를 혼란스럽게 하여 정확한 정보를 얻는 데 도움이 되지 않으므로 피한다.
4. 상담자의 판단적이고 유도적인 질문은 내담자가 자신을 탐색하게 하는 데 도움이 되지 않으므로 피하는 것이 좋다.
5. 내담자의 상황에 대한 주관적 관점을 탐색하기 위해서는 "그것에 대해 어떻게 느끼시나요?" 하는 질문이 유용하다.
6. 논의의 초점을 내담자에게 둔 개방형 질문은 내담자의 문제를 명료화하는 데 도움이 된다.
7. 특정한 행동에 대한 구체적인 예를 끌어내는 질문은 내담자의 자기이해를 도울 수 있다.
8. 폐쇄형 질문은 구체적 사항에 초점을 맞추고 내담자의 상황을 파악하는 데 유용하다.

연습문제 I

● **다음은 내담자의 정보를 탐색하는 질문 기법에 대한 설명이다. 맞으면 ○, 틀리면 ×표시하시오.**

설 명	○ / ×
1. "오늘은 무슨 일에 대해 말씀하고 싶으세요?" 하는 개방형 질문은 내담자의 말문을 열게 하고 상세한 이야기를 이어갈 수 있도록 하는 유용한 질문이다.	
2. '무엇' '무슨' 으로 시작하는 질문은 추궁의 의미가 포함되어 있어서 내담자를 방어하게 한다.	
3. 폐쇄형 질문은 내담자로 하여금 공개적이고 구체적으로 자기의 정보를 드러내어 탐색하게 하는 데 목적이 있다.	
4. 이중 질문은 내담자로 하여금 엉뚱한 답을 하게 하여 정확한 정보를 얻는 데 도움이 되지 않는다.	
5. 구체적 사항에 초점을 맞추고 내담자의 상황을 빨리 알기 위해서 폐쇄형 질문을 하는 것은 유용하다.	
6. 질문을 통해서 내담자의 상황에 대한 주관적 관점을 탐색하기 위해서는 "그것에 대해 어떻게 느끼시나요?" 하는 질문이 유용하다.	
7. 상담자가 판단적이고 유도적인 질문을 하면 내담자는 자신의 탐색을 시작하게 된다.	
8. 논의의 초점을 내담자에게 둔 개방형 질문이 내담자의 문제를 명료화하는 데 도움이 된다.	
9. 상담을 시작하면서 유용한 방법은 폐쇄적인 질문이다.	
10. 특정한 행동에 대한 구체적인 예를 끌어내는 질문은 내담자의 자기이해를 도울 수 있다.	

모범 답 1. ○ 2. × 3. × 4. ○ 5. ○ 6. ○ 7. × 8. ○ 9. × 10. ○

연습문제 Ⅱ

● **(1~5) 다음 문제에서 내담자의 자기탐색을 촉진하는 상담자의 질문 반응으로 가장 알맞은 것을 고르시오.**

1. 대학 상담실에서 한 여학생이 첫 면담을 하고 있다.

> 상담자: 상담을 통해서 해결하고 싶은 것은 무엇입니까?
> 내담자: 남자친구와의 관계에서 어려움이 있어요.

① 남자친구에게 어려움이 있다고 이야기해 보셨어요?
② 남자친구에게 문제가 있어요?
③ 어떤 어려움이 있는지 말씀해 주실 수 있어요?

해설 ①번은 질문의 형태이긴 하지만 남자친구와 이야기를 나누어 보라는 충고의 의미가 내재되어 있어 내담자에게 거부감을 줄 수 있는 폐쇄형 질문이다. ②번은 논의의 초점을 남자친구에게 둠으로써 내담자의 자기탐색을 촉진하지 못하는 질문이다. ③번은 남자친구와의 관계에서 생긴 문제를 전체적으로 탐색하게 하여 내담자가 자신의 문제를 탐색하게 하는 질문이다.

모범 답 ③

2. 한 중년 여성이 직장에서의 어려움을 호소하고 있다.

> 내담자: 그 사람이 저에게 욕을 퍼부었어요. 나는 그 사람이 믿을 만한 사람이라고 생각했는데…….

① 그때 느낌이 어떠셨어요?
② 당신도 그 사람에게 욕을 했어요?
③ 그때 화가 났어요?

해설 ①번은 내담자가 자신의 감정을 살펴보고, 그 감정이 일어난 배경을 탐색해 볼 수 있게 하는 적절한 질문이다. ②번은 폐쇄형 질문으로 내담자의 감정과 관련된 어떤 정보도 얻어 낼 수 없다. ③번은 내담자가 감정을 탐색하고 당시의 정서를 느끼는 내적인 과정을 멈추게 할 수 있는 성급한 질문이다.

모범 답 ①

3. 일주일 전에 직장에서 해고된 30대 남성이 무력감을 호소하며 상담센터를 찾아왔다.

내담자: 지난 주에 직장에서 해고되었습니다.

상담자: 네……. 직장에서 해고된 것에 대해 어떻게 느끼십니까?

내담자: 당연히 기분이 나쁘지요.

① 새로운 직장을 구하고 있습니까?

② 기분이 나쁘다는 것에 대해서 좀 더 자세히 말씀해 주실 수 있겠습니까?

③ 기분이 나쁜 경우가 전에도 있었습니까?

해설 ①번은 내담자를 고통스럽게 하는 감정에 주의를 기울이게 하기보다는 상담자의 호기심을 충족하거나 성급하게 문제를 해결하고자 하는 질문이다. ②번은 나쁘다는 표현으로는 상담자가 내담자의 상황과 감정을 알기 어려우므로 내담자가 자신의 경험을 구체적으로 말하게 하여 내담자를 이해하기 위한 질문이다. ③번과 같이 해고로 인한 현재의 고통스러운 감정이 무엇인지 밝혀지지 않은 상태에서 과거의 경험을 묻는 질문은 상담의 초점을 흐리게 만들어 내담자의 문제를 명료하지 않게 만든다.

모범 답 ②

4. 중학교 3학년 남학생이 학교의 Wee 클래스를 찾아와 어머니와의 갈등을 호소하고 있다.

내담자: 저희 엄마는 제가 의사가 되어야 한다고 생각하세요.

① 엄마의 생각에 대해 너는 어떤 느낌이 드니?

② 엄마는 왜 네가 의사가 되어야 한다고 생각하시니?

③ 너는 의사가 되고 싶니?

해설 ①번은 내담자에게 초점을 맞춘 적절한 질문이다. ②번은 어머니의 감정을 탐색하는 질문으로 내담자에게서 초점이 벗어난 질문이다. ③번은 어머니와의 관계나 내담자의 감정을 탐색하는 정보를 얻는 데 도움이 되지 않는 폐쇄형 질문이다.

모범 답 ①

5. 40대 가장이 아내와의 갈등을 호소하고 있다.

> 내담자: 제가 얼마나 가족을 생각하고 가정에 충실하기 위해서 노력하고 있는지 아내가 좀 알아주고 이해해 주었으면 좋겠어요.

① 부인이 이해를 못 해 준다고 생각하세요?

② 왜 부인이 당신의 노력을 알아주지 않지요?

③ 부인이 어떻게 하면 당신은 이해받는 느낌을 가질까요?

해설 ①번은 폐쇄형 질문으로 내담자의 욕구에 관한 구체적인 정보를 얻기에는 미흡한 질문이다. ②번은 '왜'를 사용해 부인을 비난하는 의도가 느껴지는 질문으로 초점이 내담자의 문제에서 벗어나고 있다. ③번은 내담자가 원하는 구체적인 예를 끌어낼 수 있는 질문으로 내담자를 이해하기 위한 정보를 얻을 수 있는 개방형 질문이다.

모범 답 ③

● **(6~10) 입사한 지 3년 된 여성이 대인관계에서의 어려움을 호소하며 직장 내 상담실을 찾아왔다.**

6. 내담자의 어려움에 대한 사실적인 정보를 얻기 위한 질문을 고르시오.

> 내담자: 감정 컨트롤이 안 돼요.

① 감정 컨트롤이 늘 안 되세요?

② 어떤 어려움이 있는지 좀 더 말씀해 보시겠어요?

③ 회사생활이 어려우세요?

해설 ①번은 폐쇄형 질문으로 내담자가 자신의 문제를 털어놓는 것을 방해한다. ②번은 내담자의 문제를 논의로 끌어내고 내담자가 원하는 이야기를 할 수 있도록 촉진하고 있다. ③번은 "네" 또는 "아니요"로 답을 요구하는 폐쇄형 질문으로 효과적인 질문이라고 볼 수 없다.

모범 답 ②

7. 내담자의 상황에 대한 구체적인 정보를 얻기 위한 질문을 고르시오.

> **내담자**: 화가 나면 참기 힘들고 울거나 화풀이를 해야 해요.

① 무슨 일로 화가 나나요?
② 화를 내고 나면 편안해지나요?
③ 어떻게 하면 화를 덜 낼 수 있을까요?

해설 ①번은 내담자가 화를 내는 일을 구체적으로 탐색할 수 있도록 촉진하는 개방형 질문이다. ②번은 화나는 상황에 대한 탐색을 막음으로써 내담자의 자기이해를 방해하는 질문이다. ③번은 내담자가 화를 내는 것이 문제행동이라는 부정적인 상담자의 판단을 내포하고 있어 내담자를 방어적으로 만들 수 있다.

모범 답 ①

8. 상황에 대한 내담자의 감정이나 생각을 탐색할 수 있는 질문을 고르시오.

> **내담자**: 책임자 역할을 맡아서 사소한 것 하나하나 챙겨야 하는데, 새로 온 엔지니어가 협조해야 하는 일이 있어도 모르는 척하고 장비가 고장 나서 고쳐 달라고 해도 알겠다고만 하고 해결해 주지 않아요.

① 협조해야 할 일이 많아요?
② 그럴 때 어떤 생각이 드세요?
③ 그 엔지니어는 왜 장비를 고쳐 주지 않지요?

해설 ①번은 폐쇄형 질문으로 내담자의 감정이나 생각을 탐색하는 질문으로는 적합하지 않다. ②번은 내담자가 처한 상황에서 감정의 배경이 되는 생각을 탐색해 볼 수 있는 유용한 질문이다. ③번은 논의에서 벗어난 질문으로 내담자의 문제를 탐색하고자 하는 상담의 목적으로부터 초점이 멀어진다.

모범 답 ②

9. 내담자의 문제를 명료화할 수 있는 질문을 고르시오.

내담자: 무시당한다는 생각이 들어요. 벽을 보고 허공에 대고 이야기하는 것 같아요. 여자라고 무시하는 것인지, 학력이 낮다고 무시하는 것인지, 직급이 낮다고 그런 건지…….

① 그 사람은 왜 그런 식으로 행동을 할까요?
② 무시당한다는 생각이 들 때 어떻게 하고 싶으세요?
③ 진짜 무시하는 것이 맞나요?

해설 ①번은 논의에서 벗어난 질문으로 내담자 문제를 탐색하고자 하는 상담의 목적으로부터 초점이 멀어진다. ②번은 내담자가 적절한 내용을 꺼내어서 자신의 상황을 더 깊이 탐색해 볼 수 있게 하는 질문이다. ③번은 내담자의 관점에 대해 판단적이고 유도적인 의미를 가지고 있는 질문이다.

모범 답 ②

10. 내담자가 자신의 문제를 탐색할 수 있는 질문을 고르시오.

내담자: 퇴사하고 싶어요. 장비가 고장 나서 문제가 생기면 완전 혼이 나요. 작은 것이 쌓여서 큰 문제가 될 수 있는데, 그런 최악의 상황이 두려워요. 문제를 예방해야 하는데 제가 능력이 있어서 그 사람 손을 안 거치고 다 할 수 있었으면 좋겠어요. 사람을 잘못 만난 것 같아요. 제가 불쌍하고 화가 나요. 기분이 안 좋으니까 자꾸 눈물이 나요.

① 상담을 통해서 어떻게 되기를 바라세요?

② 왜 퇴사하려고 생각하세요?

③ 만약 퇴사하게 된다면 무엇을 하면서 살아갈 것 같아요? 다른 직장을 구해 보시겠어요?

해설 ①번은 화나는 감정을 통제하지 못하는 내담자의 문제를 명료화해서 상담의 목표를 세울 수 있게 하는 적절한 질문이다. ②번은 상담자가 내담자의 대처 방식에 대해 판단적인 태도를 가진 것으로 보여서 내담자를 방어적으로 만들 수 있는 폐쇄적인 질문이다. ③번의 경우 내담자가 상담실을 방문한 이유는 감정의 컨트롤이 안 되는 것이었으므로 내담자의 주호소 문제에서도 벗어난 질문이고 이중으로 물음으로써 내담자를 더욱 혼란스럽게 하는 질문이다.

모범 답 ①

연습문제 III

● (1~10) 아래에 제시된 각 내담자의 상황이나 반응에 대해 상담자로서 적합한 질문 반응을 해 보시오.

1. 고등학교 2학년 여학생이 상담실을 찾았다.

내담자: 저는 집에 적응하는 것이 힘들어요. 원래 아빠랑 오래 떨어져 살았고, 아빠랑 부모 자식 같다는 마음도 별로 없고, 어렸을 때 때리고 해서 아빠랑 사이가 안 좋아요. 아빠가 재혼한 새엄마가 있는데 그 아줌마가 불편해요. 엄마랑 살다가 엄마가 부도를 맞아서 아빠랑 살게 되었는데 엄마가 돈만 있으면 엄마랑 살았으면 좋겠어요.

상담자: 아빠랑 정도 별로 없어서 적응하기 어려운데, 새엄마도 불편하게 느껴져서 집에 있는 것이 힘들겠네요.

질문 반응:

해설 현재 집에서 불편함을 느끼는 내담자의 경험을 구체적으로 알아낼 수 있는 질문을 하는 것이 좋다.

모범 답 어떤 것이 제일 힘들어요?

2. 중학교 2학년 여학생이 상담실을 찾았다.

내담자: 학교 가는 것이 싫어요. 학교에서 딱히 왕따를 당하는 것은 아닌데, 같이 어울리던 친구가 3명 있었는데 저만 빼놓고 둘이서만 놀아요. 그럴 때 나를 싫어하는 것 같아서 다가가지도 못하겠어요. 나를 귀찮아할 것 같아요.

상담자: 친구들이 나만 빼 놓고 놀 때 속상했겠어요.

질문 반응:

해설 내담자의 문제에 초점을 맞추어서 구체적으로 탐색해 나갈 수 있는 질문을 하는 것이 좋다.

모범 답 누가 나를 귀찮아한다고 느낀 적이 있다면 말해 줄 수 있겠어요?

3. 한 회사원이 상담실을 찾았다.

내담자: 사무실 직원들과 함께 회식이라도 하는 날이면 두려워요. 나만 동떨어진 느낌이 들고, 어울리지 못하는 기분으로 불안해요.

상담자: 회식처럼 여러 사람과 어울려야 하는 자리가 있으면 힘드시겠어요.

질문 반응:

해설 내담자의 문제를 구체적으로 탐색하기 위해서 내담자의 자동적인 생각을 탐색해 볼 수 있는 질문을 하는 것이 좋다.

모범 답 동료들과 어울려야 하는 장소에서 동떨어진 느낌이 들고 불안할 때 어떤 생각을 하세요?

4. 고등학교 2학년 남학생이 어머니에 대한 원망과 미움이 생긴 과거의 경험을 이야기하고 난 뒤 그 경험이 현재의 대인관계에 끼친 영향을 말하고 있다.

내담자: 불안한 게 되게 많이 있어요. 엄마가 나를 버리고 나갔다는 생각에 누가 나를 또 버릴지도 모른다는 두려움이 있어서 뭐를 선뜻 잘 하지를 못해요. 사람을 만나면서도 항상 불안한 마음이 있고 잘 대해 주는데도 그런 마음이 생기고, 조금 나한테 서운하게 하면 '나를 미워하는구나' '뭔가 나한테 앙심을 품은 것은 아닐까' 생각하게 돼요.

질문 반응:

해설 내담자가 자신의 경험을 구체적으로 탐색할 수 있도록 질문한다.

모범 답 어떤 경우에 그런 생각을 하게 되는지 예를 들어서 말해 줄 수 있어요?

5. 아내와 어머니가 고부간의 갈등을 겪고 있어서 마음이 불안한 30대 남성이 아내에 대해 이야기하고 있다.

내담자: 아내는 열 받으면 마치 선생님이 학생 대하듯이 화를 내며 뭐라 해요.

질문 반응:

해설 내담자가 자신의 감정을 구체적으로 탐색할 수 있도록 질문하는 것이 좋다.

모범 답 그럴 때 어떤 기분이 드세요?

6. 남편의 폭력을 견디며 살아온 40대 여성이 남편을 알코올중독 치료 병원에 보내고 난 후, 남편을 용서할 마음이 없다고 이야기하고 있다.

내담자: 용서해야 제 마음이 편하겠지요. 하지만 그 사람은 죽지 않는 이상 변하지 않을 거예요. 제 마음을 다스려서 용서하고 싶지만 그렇게 되지 않아요.
상담자: 남편을 용서하지 못할 만큼 남편으로부터 받은 고통이 컸겠지요.

질문 반응:

해설 내담자가 과거의 고통스러운 경험을 정서적으로 재경험하고 그것에서 벗어날 수 있도록 구체화하는 질문을 하는 것이 좋다.

모범 답 그동안 남편으로부터 어떤 고통을 받았는지 말씀해 주실 수 있겠어요?

7. 고등학교 1학년 여학생이 친구들이 싫어하는 행동을 서슴지 않고 하여서 학급에서 왕따가 되었지만 자신은 뭐가 문제인지 알지 못하여 담임교사가 상담을 의뢰하였다.

내담자: 친구들은 저보고 맨날 오버한다고 해요. 그런데 제가 뭘 오버하는지 모르겠어요. 제가 주번인데 일찍 와서 청소를 다 해 놓았죠. 그런데 청소를 하면서 자꾸 억울한 마음이 드는 거예요. 목요일인데 4일 동안 내가 아침 청소는 다했고, 수학 시간에 칠판도 내가 다 지우고, 그 친구는 말로만 주번이지 하는 일이 없는 거예요. 그래서 아침엔 내가 칠판 걸레를 그 친구에게 빨라고 했어요. 그랬더니 왜 자기가 그걸 해야 하느냐는 거예요. 그래서 제가 "너 맨날 놀았으니 오늘은 네가 이것 좀 빨아" 이렇게 말을 해서 한판 붙었는데, 다른 친구들은 그 친구 편만 들고, 결국 제가 칠판 걸레를 또 빨았어요.
상담자: 혼자 청소를 다하고 억울했는데 친구들이 다른 친구 편만 들어서 정말 속상하고 억울했겠어요.

질문 반응:

해설 내담자가 자신의 행동을 구체적으로 탐색해 볼 수 있는 질문을 하는 것이 좋다.

모범 답 이런 일처럼 나는 잘해 보려고 애썼는데 친구들은 몰라준 일들이 또 있었나요? 있었다면 말해 줄 수 있겠어요?

8. 40대의 직장 여성이 직장에서 새로운 업무를 맡아 늘 긴장해 있는데, 퇴근해서는 자녀양육과 가사까지 도맡아야 해서 육체적·정신적으로 소진되어 괴로움을 호소하고 있다.

내담자: 전 제가 해야 할 일이 너무 많다고 느껴요. 그래서 항상 긴장을 하고 있는 것 같아요. 직장 일과 집안일을 다 감당하기 힘들었는데, 이번에 직장에서 새로운 일을 맡게 되면서 더 긴장하게 되는 같아요. 집에 오면 또 할 일들이 쌓여 있지만 아무것도 손에 잡히지가 않고 우울해요.

상담자: 직장 일에 집안일까지 많은 일을 하면서 벅차고 힘드셨겠어요. 더구나 직장에서 새로운 일을 맡으면서 긴장하고 우울해지기까지 하는군요.

질문 반응:

해설 내담자는 직장에서 새로운 일을 맡으면서 긴장하게 되었고 그 긴장감 때문에 우울하게 되었으므로 내담자에게 긴장을 유발하는 생각을 질문을 통해 검토해 볼 필요가 있다.

모범 답 새로운 일을 맡으면서 긴장하게 되었다고 했는데 어떤 생각으로 인해서 긴장하게 되었는지 말해 줄 수 있어요?

9. 아내가 부부관계를 위해 노력하지 않고 친정 부모에게 의존하고 있으며, 자신을 무시해서 화가 난다는 결혼 3년 차의 남성이 이혼을 고려하고 있다면서 상담센터를 찾았다.

내담자: 아내가 장모님과 너무 밀착되어서 내 말은 듣지를 않아요.

질문 반응:

해설 구체적인 예를 질문함으로써 부부간의 문제를 구체적으로 탐색해 볼 수 있고, 이를 통해 부부상담이 필요한지를 판단할 수도 있다.

모범 답 구체적인 예를 들어 보시겠어요?

10. 대인관계에서의 불편한 감정 때문에 사람들을 만나는 것이 두려운 20대 여성이 상담을 하고 있다.

내담자: 사람들과 만날 약속을 하면 걱정이 되고 두려워서 마음이 두근거려요. 사람들과 어색하게 만날 것을 생각하면 나가기 싫어지고 어떤 핑계를 만들까 고민하게 돼요.

상담자: 사람들과 만나는 것이 두려워서 만남을 피하게 되는군요.

질문 반응:

해설 내담자의 감정을 구체화할 수 있는 질문을 통해 대인관계에서의 두려움이 구체적으로 무엇인지 탐색할 수 있다.

모범 답 사람들을 만날 때 느끼는 두려움은 무엇에 대한 두려움일까요?

실습훈련

● 다음과 같이 질문 반응을 실습해 본다.

진행 방법

3명이 한 조가 되어 내담자 및 관찰자 역할을 번갈아 가며 맡는다. 가능하면 각각의 짧은 상담을 녹음이나 녹화한 뒤 토론을 한다.

• 상담자 역할

내담자가 그 자신의 경험을 이해할 수 있도록 질문반응을 연습해 본다.

• 내담자 역할

내담자는 최근에 화가 났던 스트레스 상황을 떠올려 보고 그 상황에 대해 이야기한다.

• 관찰자 역할

녹음 · 녹화 장비를 작동시키면서 연습상담을 관찰하여 질문 반응 실습 관찰지를 작성하고 관찰 내용을 메모한다.

상담 후 토론

모든 참여자는 녹음 · 녹화된 상담 장면과 다음에 제시된 질문 반응 실습 관찰지를 활용하여 각 상담이 어떻게 진행되었는지, 어떤 질문이 가장 유용했고 그 이유는 무엇인지, 어떤 어려움이 있었는지, 그리고 개선 방안은 무엇인지에 대해 토론한다.

질문 반응 실습 관찰지

소속: 이름:

• 관찰자는 상담실습 장면을 관찰하여 아래의 점검표를 작성하고 물음에 답하시오.

1. 다음 영역에 대한 상담자의 반응 점수에 ∨표를 하시오.
(점수가 높을수록 효과적임을 의미한다.)

상담자 반응	1	2	3	4	5
논의의 초점이 내담자에 머뭄					
개방형 질문의 적절성					
폐쇄형 질문의 적절성					
구체적 탐색의 모색					

2. 어떤 질문이 가장 유용했고, 그 이유는 무엇인지 적어 보시오.

3. 상담자 반응 중에서 보완할 점을 적어 보시오.

감정 반영

3

자신을 위해 감정치유를 할 때, 과거의 일이 다른 의미를 띠기 시작한다.

-David R. Hawkins-

학습목표

1. 내담자의 감정에 적합한 감정단어를 찾을 수 있다.
2. 내담자의 감정 반영에 대한 근거를 파악할 수 있다.
3. 내담자의 감정을 적절한 표현으로 반영해 줄 수 있다.

지금 상담자 앞에 앉아 있는 내담자는 왜 상담실을 찾아왔을까? 내담자가 상담실 문을 두드릴 때는 불안하거나 우울하거나, 실망하거나 심리적으로 고통스럽고 괴로운 감정을 가진 경우가 대부분이다. 그러나 그들은 감정을 억누르며 무시하려 하고, 때로는 아예 그러한 감정 자체를 부정하거나 왜곡하기도 한다. 결국 상담실을 찾은 내담자는 이러한 감정 때문에 무척 괴롭고 힘드니, 이 감정으로부터 벗어나고 싶다는 말을 하고 있는 것이다. 궁극적으로 이러한 내담자의 느낌과 감정을 상담자가 어떻게 다루느냐에 따라 상담의 방향이나 방법을 구체화할 수 있고, 융통성 있고 자연스럽게 상담을 진행해 나갈 수 있다.

감정 반영은 감정이 주는 이점을 적용하여 내담자의 감정에 대한 명확한 파악과 더불어 내담자가 스스로를 긍정적으로 지각하고 수용할 수 있게 하는 기회를 제공하는데, 이는 감정 중심으로 표현하는 것에 기초한다. 감정은 내담자의 경험과 행동에서 일어나는 것이므로 내담자가 표현한 말의 내용뿐 아니라 말하는 방식, 즉 비언어적 행동에 주의를 기울임으로써 파악할 수 있다. 감정을 반영할 때는 그 감정에만 주목하여, 또는 그 감정에 대한 이유를 중심으로 잠정적이거나 명확하게 표현해야 한다.

감정 반영은 내담자의 말이나 비언어적 행동을 통해서 감정을 명확히 파악하여 감정을 중심으로 내담자에게 표현하는 것이다.

1. 감정 반영의 필요성

대부분의 내담자는 자신이 어떻게 느끼는지 모르거나 그 감정에 대해 부정적이어서 스스로 그 감정을 파악하고 수용하는 것을 어려워한다. 더구나 경험하는 대부분의 감정은 객관적이거나 절대적으

감정 반영은 내담자와의 긍정적인 관계를 제공하고, 내담자 스스로 경험이나 의미를 분명하게 함으로써 자유롭게 표현하고 관리할 수 있도록 도움을 준다.

로 인식되는 것이 아니기 때문에 느끼는 감정을 표현하는 것을 힘들어하기도 한다. 이럴 경우 정확하고 완벽하지는 않더라도 상담자가 표현한 감정 반영이 내담자가 느끼는 것과 비교적 가깝다면 내담자는 상담자로부터 충분히 이해받고 있다고 느끼게 되고, 보다 자신의 감정을 분명히 말할 수 있게 된다(Hill, 2012). 이러한 상담자와의 경험은 내담자가 감정을 자유롭게 표현하도록 격려하고 내담자가 자신의 감정을 관리하는 데 도움을 주기도 하며, 그동안 표현하지 못한 경험이나 의미를 분명하게 드러낼 수 있게 한다. 내담자는 자신의 감정이 무엇인지 접촉하게 될 때 비로소 자신의 감정에 대해서 무엇을 해야 할지 결정할 수 있게 되고, 나아가 자신의 문제를 가장 잘 해결할 수 있게 된다(Elliot, Watson, Goldman, & Greenberg, 2004). 따라서 무엇보다 상담자가 기억해야 할 것은 감정을 단순히 진술하기보다는 오히려 내담자가 그 순간에 감정을 경험할 수 있도록 도움을 주는 것이 중요하다는 사실이다.

2. 감정 반영의 방법

감정 반영은 내담자의 중요한 감정, 그 메시지 저변에 깔려 있는 의미를 발견하는 것만큼이나 이를 어떻게 반영하여 표현하는가 역시 중요하다. 이를 위해서 상담자는 내담자의 표현 중에 감정이 배어나오는 반응이나, 내담자가 미처 의식하지 못하더라도 상담자가 내담자의 경험을 공감하면서 느끼는 반응에 특히 유의하는 것이 도움이 된다.

효과적인 감정 반영은 내담자가 말하고, 느낌을 표현하고 있는 것과 유사한 방식으로 감정 혹은 숨겨진 메시지를 요약하여 내담자에게 전달한다. 최적의 과정은 그 의미가 간결하고 정확해야 하며, 이해를 돕기 위해 맥락을 덧붙이기도 하는데, 특히 선택한 감정 단어가 내담자의 실제 감정 상태와 맞아야 한다.

내담자의 복잡하게 뒤섞여 있는 현재의 감정을 명확하고 간결하게 요약하여 내담자가 사용하는 표현 방식으로 반영한다.

결과적으로 감정 반영은 그것이 반영하려던 것을 분명하게 달성해야 하는데, 예컨대 내담자의 메시지에서 나타나는 감정이나 정서를 그대로 반영하는 것이다. 감정의 반영 과정을 세 단계로 요약하면, 첫 번째 단계에서는 내담자의 느낌이나 감정을 인지한다. 두 번째 단계는 이런 느낌을 묘사할 수 있는 단어를 선택한다. 세 번째 단계는 규정짓는 것이 아닌 반영하는 방법으로 내담자에게 상담자의 지각을 전달한다.

감정 반영에 도움이 되는 다음의 구체적인 방법을 기억하라.

첫째, 내담자의 감정을 파악한다 내담자가 느끼는 것이 무엇인지를 파악해야 한다. 감정을 파악할 때는 말의 내용뿐 아니라 말하는 방식, 즉 자세, 목소리, 태도에도 주의를 기울이며 내담자의 감정이 무엇인지를 알아야 한다.

둘째, 현저한 감정을 선별한다 상담자는 내담자의 모든 감정을 반영하기보다는 가장 중요한 감정이 무엇인지 확실히 확인해야 한다. 상담자는 가장 강력하고 직접적인 감정을 선별하기 위해 내담자가 하는 말이나 비언어적으로 반응하는 모습에 주의를 기울여야 한다.

셋째, 현재 감정에 초점을 둔다 내담자가 그 자신의 감정에 몰입하게 하기 위해서는 그 상황에 대한 현재의 감정에 집중할 수 있도록 도와야 한다. 현재의 감정에 초점을 둠으로써 내담자가 과거의 이야기를 설명하는 것이 아니라 현재 즉각적으로 느끼는 감정을 경험하도록 상담자가 안내함으로써 과거에 일어난 일에 대해서 현재에도 감정을 느낀다는 것을 제안해 볼 수 있다("그 친구가 말했던 것을 떠올리는 지금도 화가 나는군요").

나아가 내담자가 울거나 화를 낸다면 내담자로 하여금 그 감정에서 벗어나게 하거나 감정을 수습하게 하기보다는 시간을 갖고 그러한 감정 상태를 천천히 경험하게 하고 표현할 수 있도록 격려해야 한다.

넷째, 감정의 수준을 구별한다 상담자가 선택한 감정 단어는 내담자의 실제 감정 상태와 맞아야 한다. 구체적이고 주요한 감정이 무엇인가뿐만 아니라 감정의 강도도 평가하여 정확히 반영하는 것이 필요하다. 상담자는 감정의 종류를 정확하게 확인했다면 그 강도 역시 인식할 수 있어야 하고 감정의 강도를 '약간' 또는 '매우'의 수식어를 사용하여 표현해야 한다.

감정 반영은 현재 내담자의 현저한 감정의 수준을 구별하여 가설적으로 표현한다.

다섯째, 가설적으로 감정을 표현한다 상담자는 내담자가 자각하는 자기개념과 중요한 경험의 배경 속에 머물면서 가설적으로 감정을 반영할 필요가 있다. 확실하게 감정을 표현하면 내면의 감정을 더 탐색할 필요를 느끼지 못하게 된다. "당신은 ~을 느끼는지 궁금하군요"와 같은 표현이 내담자로 하여금 보다 자신에게 관심을 기울이게 하고 자기탐색을 촉진한다.

감정 반영의 형식

- 당신은 ~을 느끼는 것처럼 보입니다(느낍니다).
- 당신은 ~때문에 ~을 느끼는 것 같군요.
- 내가 듣기에는 당신은 ~을 표현하는 것 같습니다.
- 그 상황이라면 당신은 ~을 느꼈을 것 같습니다.
- 당신은 ~한 것 같습니다.

3. 감정 반영의 유의점

상담자의 감정 반영은 내담자 문제의 정서적 요소를 탐색하고 내담자에 대한 보다 분명한 이해를 가능하게 해 줄 뿐만 아니라 내담자가 내적으로 경험하는 것을 보다 구체적으로 알 수 있게 해 준다. 이러한 감정 반영의 긍정적인 이득이 내담자의 문제해결에 반드시 도움이 되리라는 단정은 내릴 수 없지만, 대부분의 내담자는 정서적으로 고통이 클 때 도움을 요청하기 때문에 자신의 고통스러운 감정을 탐색할 수 있게 도움을 받는 것이 효과적이라는 사실은 경험적으로 알 수 있다. 상담자는 다음의 상황에서 내담자의 반응을 살펴보고 즉각 대응해야 할 것이다(Greenberg, 2002).

감정 반영 이득 이면의 잠재적인 위험에 초점을 맞추고 주의를 기울일 필요가 있다.

첫째, 내담자가 매우 많은 감정을 순간에 드러내는 경우다. 이러한 경우 내담자는 지속적인 감정 표현에 있어서 어려움을 경험할 수 있다. 또한 자신의 많은 감정을 받아들일 준비가 되어 있지 않은 상태에서 적절한 도움을 받지 못한다고 느낄 수 있으므로 이럴 때는 감정 반영을 하지 않는 것이 좋다.

둘째, 내담자가 감정을 주체할 수 없는 상태일 때는 감정을 이해시키기보다는 복식호흡과 같은 이완훈련을 통해 감정을 조절하고 통제할 수 있도록 도움을 주는 것이 좋다.

셋째, 내담자는 상담자가 권위를 지니고 있다고 받아들이기 때문에 실제로 내담자가 스스로 감정을 경험하는 것보다 상담자의 반영을 쉽게 수용한다. 그렇기 때문에 내담자의 감정에 대해서 모든 것을 파악하고 있는 듯한 행동은 좋은 상담자의 태도가 아니다.

넷째, 문화적 · 사회적 · 성적 차원에서 감정을 표현하는 방식에 차이가 있음을 고려해야 한다. 예를 들면, 남성은 여성보다 감정을 표현하는 데 더 어려움을 느끼고 감정에 대한 질문을 받으면 대개 위협을 느낀다.

이럴 때 감정 반영은 NO!

- 내담자에 대한 정보가 충분하지 않을 때
- 내담자에게 심한 정서적 장애가 있을 때
- 내담자에게 감정을 다룰 수 있는 능력이 부족다고 판단될 때
- 내담자가 감정 표현에 대한 거부 반응을 보일 때
- 감정 해결을 위한 시간이 충분하지 않을 때

TIP 효과적인 감정 반영

▶감정 반영은

1. 긍정적 · 부정적 감정 또는 상반되는 어떠한 감정의 형태든지 반영할 수 있다.
2. 감정의 대상이 내담자, 상담자, 다른 인물, 상담 자체 등 무엇이든 상관없이 반영하고 이를 살펴보는 것이 중요하다.
3. 내담자가 감정을 회피하거나 이야기하는 것을 힘들어할 때 할 수 있다.
4. 내담자의 상담 자체에 대한 감정 때문에 상담과정에 방해가 될 때 할 수 있다.

▶감정을 파악할 때는

1. 내담자가 자신의 감정에 대해 이야기하고 있는 정서적 부분에 주의를 기울인다.
2. 내담자의 언어적 내용뿐만 아니라 비언어적 행동, 즉 자세, 어조, 말의 속도, 그 밖의 태도에도 세심한 주의를 기울인다.
3. 내담자가 표현한 감정을 묘사하기 위해서 다양한 감정 단어를 사용한다.
4. 내담자의 감정 전부를 파악할 수 있도록 노력한다.

▶감정을 반영할 때는

1. 적절한 정서적 표현으로 내담자가 느끼고 있는 감정을 명확하고 간결하게 요약한다.
2. 내담자는 한 가지 감정뿐 아니라 여러 가지의 뒤섞인 감정을 표현하는데, 이렇게 뒤섞여 있는 감정을 반영한다.
3. 내담자가 하고 있는 이야기를 그대로 되풀이하지 않으면서 그 단어 혹은 그 단어를 약간 변형시킨 말로 반영한다.
4. 내담자의 정서 상태를 나타내는 현재 감정에 초점을 두고 반영한다.
5. 반복되는 표현 방식만 계속 사용하지 말고 다양한 반영 형태를 사용한다.

▶감정 반영을 통해

1. 내담자는 자신이 느끼는 것을 깨닫게 된다.
2. 내담자는 자신의 감정을 인정하고 살펴보게 된다.
3. 상담자가 내담자의 내적 경험을 이해한다는 것을 보여 주게 된다.
4. 상담자와 내담자 사이에 신뢰관계를 구축하게 된다.

연습문제 I

● **다음은 감정 반영 기법에 대한 설명이다. 맞으면 ○, 틀리면 × 표시하시오.**

설 명	○ / ×
1. 감정 반영을 할 때는 내담자가 느끼는 것을 정확하게 파악하는 것이 중요하다.	
2. 효과적인 감정 반영은 내담자가 사용하는 정서적 단어에 주의를 기울여 반복적으로 표현하는 것이다.	
3. 감정의 대상이나 감정의 본질에 상관없이 언제든지 감정 반영을 사용할 수 있다.	
4. 내담자는 적절한 감정 반영을 통해서 자신이 느끼는 것을 더 잘 알게 되고 그렇게 느끼는 것의 적절성을 평가할 수 있게 된다.	
5. 감정 반영은 내담자가 하고 있는 이야기 속의 인지적 측면이나 내용을 간과해서는 안 된다.	
6. 내담자의 한 가지 감정보다 뒤섞인 여러 감정과 그 강도를 선별하는 데 주의를 기울여서 반영하여야 한다.	
7. 감정 반영을 통해 내담자가 느끼고 생각하는 것을 상담자가 정확하게 이해할 수 있음을 보여 준다.	
8. 감정에 대한 논의는 내담자 문제해결의 중요한 선행요인이므로 과거, 현재 및 미래의 정서 상태를 살펴보는 것이 효과적이다.	
9. 상담자나 상담 자체와 관련된 감정을 반영하고 살펴보는 것은 내담자의 표현에 방해를 줄 수 있다.	
10. 상담을 계속하는 것을 힘들어하는 내담자에게 감정 반영은 적절하지 않다.	

모범 답 1. ○ 2. × 3. ○ 4. ○ 5. × 6. ○ 7. ○ 8. × 9. × 10. ×

연습문제 II

● (1~5) 다음의 활동은 상담 장면에서 감정을 파악하는 능력을 기르게 해 준다. 주어진 문장을 읽고 내담자의 감정을 가장 잘 나타내는 단어를 고르시오.

1. 내담자가 아버지와의 관계를 설명하고 있다.

> **내담자:** 노력을 많이 하는데도 생각대로 되지 않아요. 매번 아버지가 하라는 대로 하려고 하는데 잘 안 돼요. 내 나름대로는 잘했다고 생각하는데 아버지는 별로 좋아하시지 않아요. 이젠 어떻게 해야 할지 모르겠어요.

① 죄책감　　② 분노감　　③ 좌절감　　④ 포기감

해설 ① 내담자는 지금도 노력하고 있고 아버지가 원하는 것을 잘해 보려고 노력 중이다. 아무 노력도 하지 않았다면 죄책감을 더 느끼기 쉬울 것이다. ② 화가 날 수도 있으나 이런 감정을 말하기에는 좀 더 많은 정보가 필요하다. ③ 내담자는 잘해 보려고 노력하고 있으나 실패했고, 그래서 좌절감을 느끼고 있다. ④ 내담자는 잘해 보려고 한 노력이 실패했지만 포기하려는 모습은 보이지 않는다.

모범 답 ③

2. 내담자가 최근 큰일을 겪은 친한 친구에 대해 이야기하고 있다.

> **내담자:** 신경 쓰이고 정말 걱정이 돼요. 도와주고 싶은데 도대체 연락이 안 되니 이러지도 저러지도 못하고 있어요.

① 무능감　　② 상실감　　③ 관심　　④ 우울함

해설 ① 감정을 표현할 때는 전체 이야기에 주의를 기울여야 한다. 도와주고 싶다는 표현에서 무능감은 느껴지지 않는다. ② 걱정되고 도울 수 없는 안타까운 마음이 표현되고 있으나 상실감은 드러나지 않는다. ③ "도와주고 싶은데"라는 표현에서 관심을 나타낸다. ④ 내담자는 우울하지 않다.

모범 답 ③

3. 내담자가 공모전에 출품해야 할 작품이 평소 관계가 좋지 않았던 선배의 실수로 망가진 이야기를 하고 있다.

> **내담자**: 그 선배 얼굴에 뭐라도 확 뿌리고 싶었어요. 그 자식한테 어떤 식으로든 복수하고 말 거예요.

① 짜증스러움 ② 복수심 ③ 우울함 ④ 실망감

해설 ① 의심해 볼 것도 없이 짜증스러울 것이다. 하지만 내담자가 표현하고 있는 언어에서는 단순한 짜증보다 훨씬 강한 감정이 나타나고 있다. ② 분노를 표현하면서 복수하고 싶다고 말하고 있다. ③ 내담자는 적개심을 표현하고 있지, 우울하지는 않다. ④ 지금 내담자는 분노 상태다. 이 상태에서 실망감은 보이지 않는다.

모범 답 ②

4. 최근 이혼으로 아내 및 아들과 헤어지게 된 남성이 말하고 있다.

> **내담자**: 세상에 나 혼자 버려진 것 같고 기댈 곳이 전혀 없네요. 정말 이제 혼자라는 생각에 너무 외롭고 쓸쓸한 마음이 듭니다. 내가 죽든 살든 아무도 상관하지 않을 겁니다.

① 절망 ② 불안 ③ 분노 ④ 두려움

해설 ① 외로움을 표현하면서 다음으로 자신이 죽든 살든 아무도 상관하지 않을 것이라는 절망감을 나타낸다. ② 불안할 수도 있을 것이다. 하지만 내담자의 말 속에서 불안보다 더 강한 감정을 느낄 수 있다. ③ 내담자의 이야기는 외로움을 나타내고 있다. ④ 물론 자신의 상황이 두려울 것이다. 하지만 마지막 이야기에서 느낄 수 있는 것은 두려움 이상의 감정이라고 할 수 있다.

모범 답 ①

5. 결혼 10년 만에 얻은 아들에 대해 한 어머니가 이야기하고 있다.

> **내담자:** 아들을 바라보면 한 가지 느낌만 들어요. 딱 맞는 표현을 찾을 수 있을지 모르겠는데, 항상 그냥 있는 것만으로도 가슴이 꽉 차는 듯한 그런 느낌이에요.

① 감사 ② 놀람 ③ 환희 ④ 편안함

해설 ① 아들에게 감사함을 느낄 수도 있겠으나 아들과의 관계에 대한 느낌이 아니라 내담자 자신의 감정에 초점을 두고 말하고 있다. ② 내담자는 놀랐다고 말한 적이 없다. ③ 내담자의 말은 강한 긍정적 감정을 나타내고 있다. ④ 상태에 대한 느낌이 아니라 아들에 대한 강한 감정을 표현하고 있다.

모범 답 ③

● **(6~15) 아래에 제시된 사례를 읽고 상담자로서 내담자의 감정을 잘 반영한 반응을 고르시오.**

6. 내담자가 직장을 구하겠다는 결정에 대한 남편의 반응을 말하고 있다.

> **내담자:** 저를 비웃듯이 쳐다보는데, 완전 뭐 씹은 표정을 하고 저를 무시하는 눈빛이……. (고개를 흔들며) 제 자신이 그 순간 너무 한심하게 느껴졌어요. 제가 없어지는 것 같았어요.

① 그만하라고 왜 말 안 했어요?

② 모욕감을 느꼈겠어요.

③ 화가 났겠네요.

해설 ①번은 감정 반영이 아니라 개방적 질문이다. ②번은 내담자 입장에서 생각해 보면 이해가 된다. 누군가에게 비웃음을 당하면 모욕감이 들 수 있다. ③번과 같은 내담자의 감정에 대한 과한 해석은 주의해야 한다. 상황에서 분노, 상처는 느낄 수 있지만 그보다 많이 추측하는 반응은 적절하지 않다.

모범 답 ②

7. 성적에 대해 걱정하는 중학생이 다음과 같이 말하고 있다.

> **내담자:** 솔직히 노력은 하고 있는데 결과가 안 좋아요. 요즈음 열심히 해 봤자 소용없다는 생각이 자꾸 들어요. 여전히 성적은 뒤에 있거든요.

① 절망하고 있구나.
② 열심히 공부해 봐야 소용없다고 느끼는 것 같구나.
③ 맥이 많이 빠진 것 같네.

해설 ①번은 과한 표현이다. 절망하고는 있지 않다. 상담자의 과한 반영은 내담자로 하여금 스스로에 대해 놀라게 하거나 짜증스럽게 만들 수 있다. ②번은 내담자의 말에 의존하는 표현이다. 전체 맥락을 고려하지 않고 이야기의 일부만 취해 되풀이하고 있다. ③번은 내담자의 말 속에 내포한 감정을 파악하여 적절히 반영하고 있다.

모범 답 ③

8. 갑자기 정리해고를 당한 30대 미혼 청년이 다음과 같이 말하고 있다.

> **내담자:** 제가 할 수 있는 일이 뭘까요? 돈도 없고 기술도 없고 그렇다고 도와줄 사람이 있는 것도 아니고. 뭐라도 시작해야 하는데 무슨 일을 해야 할지 모르겠어요.

① 지금 많이 혼란스러우신 것 같네요.
② 희망을 포기하신 것 같네요.
③ 모든 것이 두려우실 것 같네요.

해설 ①번은 내담자의 혼란스러운 감정을 정확히 파악하고 표현하였다. ②번은 내담자가 하고 있는 이야기 중 단지 일부에만 초점을 둔 반응이다. "뭐라도 시작해야 하는데"라는 말 속에 상황을 변화시키고자 하는 소망이 드러난다. ③번은 돈도, 기술도, 도와줄 사람도 없고 무슨 일을 해야 할지도 모르겠다고 하였지 두렵다는 표현은 하지 않았으므로 적절하지 않다.

모범 답 ①

9. 아이의 사고에 많이 놀란 어머니가 그때의 상황을 설명한다.

> 내담자: 비명 소리에 뛰어나가 보니 애는 부엌 바닥에 있고, 옆에는 뜨거운 주전자 물이 쏟아져 있는데 제정신이 아니었어요. 갑자기 어떻게 해야 할지 몰랐어요. 정말, 우리 애한테 이런 일이 일어났다고 믿을 수 없었죠.

① 도대체 어떻게 된 일이었어요?
② 정말 충격이었겠어요.
③ 꼼짝할 수 없었겠네요.

해설 ①번은 정보를 이끌어 내는 질문으로, 내담자의 감정에 대한 반응으로 이끌지 못한다. ②번의 경우, 내담자가 놀란 상황에서 자신이 어떻게 느끼는지 모르거나 이야기할 수 없을 때 상담자의 이러한 반영이 자신이 어떻게 느꼈는지 생각해 볼 수 있게 하고 감정에 대한 이야기를 해도 된다는 것을 알게 한다. ③번은 내담자가 표현하지 않은 감정을 추론하고 있다.

모범 답 ②

10. 기다리던 휴가를 계획하고 있는 여성이 다음과 같이 말하고 있다.

> 내담자: (고개를 숙인 채 작은 목소리로 천천히) 여행 계획을 세우고 있었는데 친구가 꼭 같이 가자고 졸라요.

① 함께 가자고 하니 기대가 되겠네요.
② 그 일로 기분이 안 좋아 보이네요.
③ 그것 역시 좋을 것 같은데요.

해설 ①번은 상담자의 해석이고 적절한 감정 반영은 아니다. ②번은 내담자의 자세와 어조에 주의하면서 내담자의 감정을 적절하게 반영하고 있다. ③번은 내담자가 표현하고 있는 모습에 집중하지 못했다. 머리를 숙이고 작은 목소리로 말하고 있으므로 친구와 함께 가는 것을 좋아한다고 보기 어렵다.

모범 답 ②

11. 한 내담자가 안절부절못하고 손을 계속해서 비비며 이야기하고 있다.

내담자: 오늘 선생님을 보니 기뻐요.

① 여기 와서 좋으면서도 약간 불안해 보이는 것 같네요.
② 이렇게 볼 수 있어 기쁘네요.
③ 오늘 상당히 불안해 보여요.

해설 ①번은 말로는 기쁘다고 하고 있으면서 행동으로 나타나는 불안감을 적절하게 반영하고 있다. ②번은 내담자가 말로 표현하고 있는 감정은 반영하고 있지만 안절부절못하며 손을 비비는 내담자의 행동은 놓친 반응이다. 상담자의 통합적인 감정 반영은 내담자가 미처 깨닫지 못하고 있는 감정에 주의를 기울이게 한다. ③번은 불안은 잘 반영하고 있지만 상담자를 볼 수 있어 기쁜 마음은 반영하지 못하고 있다.

모범 답 ①

12. 경제적으로 힘든 가정형편으로 밤낮 일하는 남편에 대해 아내가 이야기하고 있다.

내담자: 남편이 너무 걱정이 돼요. 이 일 저 일 가리지 않고 막무가내로 하겠다고 달려드는데 저러다 얼마나 버틸 수 있을지. 하루 이틀 일하다가 말 것도 아닌데, 안쓰러워 미치겠어요. 어떻게 해야 일을 줄이게 할 수 있을지 모르겠어요.

① 걱정이 되고 남편을 도와줄 수 있는 일이 무엇인지 찾고 싶으시군요.
② 걱정하고 계시는 것 같네요. 혹시 의사와 상의해 보시는 건 어떨까요?
③ 남편이 너무 일을 많이 하다 어떻게 될까 봐 무척 걱정하고 계시는 것 같네요. 남편을 돕고 싶은데 어떻게 해야 할지 모르겠고요. 이 일로 답답하고 약간 화도 난 것 같네요.

해설 ①번은 내담자가 표현하는 정서적인 측면을 정확하게 요약하여 반영하고 있다. ②번은 상담자의 충고가 감정 반영의 효과를 줄이고 있다. ③번은 간결하고 명확한 감정 반영을 한 것이 적절하다. 그러나 내담자에게서 화나는 감정은 드러나지 않았다.

모범 답 ①

13. 이혼한 내담자가 전 남편 이야기를 하고 있다.

> **내담자:** 아이들 양육비를 좀 보내 주면 좋겠어요. 아이들은 커 가고 여러 가지 돈 들어갈 일이 있는데, 혼자서는 감당해 내기 정말 힘들어요. 양육비마저 안 주면 어떻게 살아야 할지 너무 걱정이에요. 걱정 때문에 요즘은 잠도 못 자요.

① 전 남편한테 의존하고 계시는 것 같네요.
② 전 남편에게서 경제적으로 도움을 받았으면 하는데 그가 그렇게 할지 몰라 불안하시군요.
③ 경제적 도움 없이 사는 게 불안하신 것 같네요.

해설 ①번은 내담자 감정의 한 측면만을 반영하고 있다. 상담자는 내담자가 여러 가지 뒤섞인 감정을 보일 때 그러한 감정을 가려낼 수 있어야 한다. ②번은 내담자의 뒤섞인 감정을 잘 파악하여 반영하였다. 내담자는 자신의 감정을 잘 생각해 보고 더 많은 감정을 이야기할 것이다. ③번은 내담자의 불안감은 파악하였으나 그 이면의 혼합된 감정 상태를 확실하게 알아차리지 못한 반영이다.

모범 답 ②

14. 현재 연애 중인 한 여성이 편안한 미소를 지으며 다음과 같이 말하고 있다.

> **내담자:** 그 사람은 '함께'라는 표현의 의미를 모르는 것 같아요. 이 세상에서 자기가 전부예요. 그러면서 왜 나랑 사귀는 걸까요? 나를 배려하려는 생각은 전혀 없어요.

① 이해가 안 되네요. 지금 웃고는 계시지만 화가 난 것 같아요.
② 웃고 계시는 걸 보니 그것 때문에 많이 힘들지는 않으신가 봐요.
③ 그러니까 그 사람의 생각을 받아들일 수 없다는 말씀이겠죠.

해설 ①번은 화나는 상황을 이야기하면서 지금 웃고 있다는 사실을 반영해 주었다. 언어적 · 비언어적 표현을 주의 깊게 살피고 있다. ②번은 내담자의 미소와 말 중 하나를 잘못 이해하고 있다. 상담자의 세심한 주의가 필요하다. ③번은 감정을 반영하는 것이라기보다 상담자의 판단이다.

모범 답 ①

15. 내담자가 계속해서 안절부절못하고 있다.

① 모르는 척 돌아앉아 내담자가 말할 때까지 기다린다.

② 말씀하기가 그렇게 어려운가요? 말씀 안 하시면 제가 도와드릴 수가 없어요.

③ 무슨 말씀을 하시려는지 몰라도 무척 긴장되어 보이시네요.

해설 누군가에게 자신의 문제를 이야기한다는 것 자체가 긴장되고 힘든 일인데 상담자의 이런 태도는 두 사람 사이의 의사소통에 장애가 될 수 있다. ② 이미 내담자는 이런 사실을 알고 있을 것이다. 상담자에게 이해받는다고 느낄 때 긴장감이 해소되고 이야기를 할 수 있다. ③ 행동으로 표현되는 감정을 적절하게 반영하였다. 내담자는 긴장감을 풀고 이야기를 시작할 수 있을 것이다.

모범 답 ③

연습문제 III

● (1~5) 아래에 제시된 내담자 반응에 대해 감정을 반영하는 상담자 반응을 적어 보시오.

표현 방법 예시	• ~게 느끼시는 것 같네요. • 달리 말하면 ~게 느끼고 계신다는 말씀인가요? • ~게 들리는데요. • ~라고 이해가 되는데요.

1. 간섭받기 싫어하는 중학교 2학년 남학생이 상담자에게 다음과 같이 말하고 있다.

내담자: 그냥 엄마 목소리만 들어도 이젠 정말 지긋지긋해요. 날마다 날 따라다니면서 잔소리를 하시거든요.

감정 반영 반응:

해설 감정의 대상이나 감정의 본질을 파악하여 정서적 단어로 반영해 주는 것이 적절하다.

모범 답 엄마에게 화가 난 것 같네요. / 짜증을 내고 있는 것처럼 보이네요.

2. 취업 준비를 열심히 하고 있는 20대 내담자가 다음과 같이 말하고 있다.

내담자: 앞으로 저는 잘될 거라고 생각해요. 그러다 보니 제 미래가 기대가 되고 지금보다 멋진 저 자신을 꿈꾸게 돼요.

감정 반영 반응:

해설 감정을 반영할 때는 내담자가 사용하는 정서적 단어에 주목하여 약간 변형한 표현으로 반영하는 것이 좋다.

모범 답 자신의 미래를 희망적으로 보고 있네요. / 자신의 미래에 대해서 낙관적이군요.

3. 평소 남편의 안전에 대해 예민한 아내가 다음과 같이 말하고 있다.

> 내담자: 남편이 퇴근할 시간이 다가오면 그냥 너무 긴장이 되고 걱정이 돼요.

감정 반영 반응:

해설 내담자의 표현 속의 인지적인 면이나 내용보다는 해당 표현의 저변에 있는 감정 및 정서적 측면에 반응함으로써 내담자가 느끼는 것을 명료화할 수 있다.

모범 답 남편이 늦게 들어오면 불안해지는군요.

4. 한 신입사원이 직장에서의 어려움에 대해 다음과 같이 말하고 있다.

> 내담자: 왠지 부장님 앞에 설 때마다 몸이 자꾸 떨리고 제대로 말을 못하게 돼요.

감정 반영 반응:

해설 내담자 표현의 정서적인 측면을 명확히 반영해 주면 내담자가 자신의 감정을 이해하고 다룰 수 있게 된다.

모범 답 그런 경우에 아주 많이 긴장되는군요. / 윗사람 앞에서는 불안해지나 봐요.

5. 한 여고생이 남자친구로부터 온 편지를 전해 주지 않은 어머니에 대해 상담자에게 다음과 같이 말하고 있다.

> 내담자: 내 편지를 보여 주지도 않고 엄마 마음대로 뜯어 보는 것은 정말 이해할 수 없는 일이에요.

감정 반영 반응:

해설 내담자의 이야기 속에 담긴 내담자의 생각과 느낌을 상담자가 정확하게 이해하여 반영함으로써 내담자와 좋은 관계를 형성한다.

모범 답 내 일은 나에게 맡겨도 되는데 엄마의 지나친 행동 때문에 많이 속상했군요.

실습훈련

● 다음과 같이 감정 반영 반응을 실습해 본다.

진행 방법

3명이 한 조가 되어 내담자, 상담자 및 관찰자 역할을 번갈아 가며 맡는다. 가능하면 각각의 짧은 상담을 녹음이나 녹화한 뒤 토론을 한다.

• 상담자 역할

내담자가 어떠한 감정을 느끼는지, 혹은 감정을 나타낼 만한 비언어적 행동에는 어떠한 것이 있는지, 자신이 내담자라면 어떻게 느꼈을지 고려하여 감정 반영을 연습해 본다. 단, 개입은 짧고 간단하게 유지한다.

• 내담자 역할

내담자 역할을 하는 사람은 자기 생활에 있어서 어려움이나 혼란을 느끼는 개인적 경험 중 강한 감정을 가지고 있는 주제에 대해 이야기하거나 다음의 역할 중 하나를 선택하여 연기해 본다.

〈역할 활동을 위한 사례〉

사례 1: 부모의 끊임없는 싸움과 고통스러운 이혼의 과정에 대해 아무 감정 표현도 하지 않았던 중학생 내담자. 어느 날 미술 시간에 몇몇 급우의 그림을 분노에 차서 찢어 버리는 행동을 하였다.

사례 2: 두 어린 자녀에게 계속해서 분노와 실망을 표출하는 여성 내담자. 그녀는 남편의 설득으로 직장을 포기하고 집에서 자녀들 양육에만 전념하고 있다.

사례 3: 남편의 가정폭력으로 집을 떠나 '쉼터'에서 임시로 살고 있는 내담자. 그녀는 감정을 억제하는 어조로 남편의 학대와 폭력에 대해서 이야기한다.

사례 4: 학력에 관해 물을 때마다 주눅이 드는 40대 여성 내담자. 대학 졸업자 못지않은 교육을 받았다고 자부하고 책도 상당히 많이 읽어서 학위만 없을 뿐이지 대학 졸업자와 차이가 없다고 스스로 생각하지만 고졸이라고 말하면 사람들이 시큰둥해하는 것 같다고 느낀다.

사례 5: 평소에 무관심하고 주의를 기울이지 않는 어머니가 미운 20대 여성 내담자. 가끔씩 지나치게 관심을 기울이는 척하는 모습이 정말 싫고 이러한 어머니 마음에 들도록 행동해야 하는 것이 싫다.

• 관찰자 역할

녹음 · 녹화 장비를 작동시키면서 연습상담을 관찰하여 감정 반영 실습 관찰지를 작성하고, 관찰 내용을 메모한다.

상담 후 토론

모든 참여자는 녹음 · 녹화된 상담 장면과 감정 반영 실습 관찰지를 활용하여 각 상담이 어떻게 진행되었는지, 어떤 감정 반영이 가장 유용했고 그 이유는 무엇인지, 어떤 어려움이 있었는지, 그리고 개선 방안은 무엇인지에 대해 토론한다.

감정 반영 반응 실습 관찰지

소속: 이름:

• 관찰자는 상담실습 장면을 관찰하여 아래의 점검표를 작성하고 물음에 답하시오.

1. 다음 영역에 대한 상담자의 반응 점수에 ∨표를 하시오.
(점수가 높을수록 효과적임을 의미한다.)

상담자 반응	1	2	3	4	5
내담자 이야기의 정서적 부분에 주의를 기울이는 반응					
내담자의 행동(자세, 어조, 말 속도, 태도)에 주의를 기울이는 반응					
감정을 표현하기 위해 사용하는 감정 단어의 적절성					
내담자가 느끼는 감정에 대한 명확하고 간결한 방식의 표현 반응					
감정 반영의 적절성					

2. 상담자의 가장 효과적인 감정 반영은 어떠한 것이었고, 그 이유는 무엇인지 적어 보시오.

3. 상담자 반응 중에서 보완할 점을 적어 보시오.

재진술

4

어떤 이에게 진정으로 도움이 되는 이야기를 할 때는

사실이어야 하고,

진실이어야 하고,

도움이 되어야 하고,

적절한 때에 해야 하고,

적절하게 표현하여야 한다.

–정신경(淨信經)–

학습목표

1. 내담자 이야기의 내용과 의미를 구체적으로 말할 수 있다.
2. 내담자 이야기에 대해 부연 설명할 수 있다.
3. 내담자 이야기를 핵심적인 내용으로 요약할 수 있다.

초보상담자가 내담자의 말을 잘 알아듣고 그가 말하고자 하는 내용의 핵심을 파악하는 것은 결코 쉬운 일이 아니다. 상담자는 내담자의 말에 다른 어떤 내용보다 집중하고 경청하게 되는데, 이는 단지 듣기만 하는 것이 아니라 내담자를 진심으로 이해하기 위해 심사숙고해야 하기 때문이다. 이렇게 해서 상담자는 내담자의 말을 이해했음을 전달하거나 내담자 경험의 핵심을 알아차리고 그것을 내담자에게 되돌려 주는데, 이때 사용될 수 있는 것이 재진술이다.

재진술은 상담자가 내담자 말의 내용 및 의미를 반복해서 말하거나 부연 · 요약하는 것으로 내담자가 사용한 유사한 단어로 짧지만 구체적이고 명확하게 표현한다(Hill, 2012). 상담자의 주의 깊고 정확한 재진술을 통해 내담자는 자신의 문제에 관해 신중하게 생각하게 되고 새로운 이해에 도달할 수 있게 된다. 재진술을 사용할 때는 내담자가 자신의 문제를 좀 더 잘 자각하고 인식한 상태에서 사용하는 것이 보다 효과적이다.

재진술은 내담자 이야기의 내용이나 의미를 명확하게 하여 구체적으로 표현한다.

1. 재진술의 필요성

상담자의 가장 본질적이고 중요한 역할은 어려움을 겪고 있는 내담자의 이야기를 잘 알아듣는 것이다. 내담자가 경험하고 있는 문제가 무엇인지, 생각이나 감정 상태가 어떠한지, 어쩌다가 그 어려움에 빠지게 되었는지 등을 주의 깊게 듣고 내담자 스스로가 자신의 문제에 대해 탐색할 수 있도록 돕는 것이 상담자의 중심 과제다.

재진술은 무엇보다 대화의 '내용'적 측면에 중점을 둔다. 상담자는 내담자가 언급한 여러 가지 이야기를 하나의 초점으로 맞추며,

재진술은 내담자 문제의 가장 중요한 면에 집중하도록 하고, 자신의 문제에 대한 새로운 관점을 갖게 하여 더 많은 이야기를 할 수 있도록 독려한다.

혼동되는 내용을 명료화해서 내담자가 자신의 가장 중요한 문제에 집중할 수 있게 한다. 또한 내담자는 아무런 판단 없이 내용을 비추어 주는 상담자의 반응을 통해 자신의 생각을 타인으로부터 귀 기울여 들어볼 수 있는 기회를 제공받는다(Hill, 2012). 이러한 경험은 혼란스럽고 심리적으로 갈등 상황에 있는 내담자에게 자신의 문제를 객관적으로 알 수 있게 하고 그것에 대해 보다 주도적으로 탐색하는 것을 가능하게 한다.

재진술은 단순히 내담자의 말을 이해하고 있음을 표현하는 것뿐만 아니라 내담자가 경험한 핵심적인 부분을 알아내고, 그에 대한 정확한 사실을 내담자에게 되돌려 주는 적극적인 방법이다.

2. 재진술의 유형

재진술은 내담자가 말한 내용이 상담자의 경험이나 추측 등에 영향을 받는 것을 막아 주는 효과가 있다. 재진술을 사용할 때는 내담자에게 중요한 것들을 중심으로 초점을 맞추어야 하는데, 상담자 관점에서 중요한 문제들을 다루기 위해 진행하는 개입은 내담자가 정말로 우려하는 부분은 다루지 않은 채 남겨 놓게 되는 결과를 가져오기 때문이다. 따라서 상담자는 내담자가 말한 것을 바탕으로 상담자 자신에 대한 것이나 경험은 포함하지 않고, 어떻게 이해했는지를 다시 반응한다는 것을 잊지 말아야 한다.

재진술은 내담자가 중요하게 다루는 문제에 중심을 두고 이해하여 반응해야 한다.

재진술의 유형을 간단히 정리하면 〈표 4-1〉과 같다. 이와 같은 재진술을 상담 목적에 맞게 부분적으로 또는 복합적으로 적절히 사용한다면 상담의 방향이 구체화될 수 있을 것이다.

〈표 4-1〉 재진술의 유형

유형	방법	목적
이야기 재진술	내담자 이야기를 그대로 표현	• 정확한 공감 표현 • 계속적으로 이야기하도록 독려 • 정확하게 이해했는지 확인
의미 재진술	내담자 말의 의미를 상담자 말로 바꾸어 진술	• 정확한 공감 표현 • 정확하게 의미를 이해했는지 확인 • 드러나는 의미에 대해 더 많은 이야기를 하도록 독려 • 특정한 의미에 상담 초점 맞추기
초점 맞추기	한 가지 내용이나 주제에 집중	• 중요한 점을 명료화 • 내담자가 실제보다 과장된 의미 부여를 하는 것을 방지
요약하기	• 지금까지의 이야기 요약 • 선택적 요약 • 이득과 손실 요약	• 내담자의 핵심 정보를 수집 • 내담자의 생각을 정리할 기회를 제공 • 중요한 주제들을 체계적으로 통합 • 특정 부분에 주의를 집중시키고 상담 방향 모색

3. 재진술의 방법

초보상담자는 재진술을 단순히 자신이 들은 것을 반복해서 말해주는 것이라고 여길 수 있다. 하지만 실제로 재진술은 내담자의 말을 단지 듣는 것만이 아니라 충분히 이해하고자 하는 상담자의 능동적인 자세에서 비롯된다. 이러한 자세를 지니게 되면 내담자가 호소하는 문제의 핵심적인 부분을 더 정확하게 인식하여 전달할 수 있을 뿐만 아니라 상담의 초점을 유지할 수 있게 되는 등의 다양한 효과가 나타난다.

재진술은 내담자 말의 내용이나 의미를 반복하거나 부연하는 것이지만, 내담자가 하는 말보다 짧고 유사한 단어를 사용하여 구체적이고 명확하게 표현한다. 때로는 내담자가 현재 말한 것이나 상담 장면에서 말한 것을 관련지어 가정적으로 혹은 직접적으로 표현

재진술은 내담자가 하는 말보다 짧고 유사한 단어를 사용하여 구체적이고 정확하게 전달한다.

하기도 하는데, 이러한 경우는 내담자가 자신의 문제에 대해 좀 더 잘 인식한 상태일 때가 적합하다.

상담자는 다음과 같은 다양한 형식의 재진술을 사용할 수 있다.

재진술의 형식

- 제가 이해하기로는 ~입니다.
- 제가 듣기에는 마치 ~처럼 들리는군요.
- 전 ~인지 아닌지 궁금하네요.
- 그것에 대한 저의 생각은 ~입니다.
- 당신은 ~라고 생각하고 계시는군요.

기억해야 할 것은 재진술은 내담자의 말을 반복해서 말하는 것이 아니라 문제 이해와 해결을 위해 문제에 초점을 두고 내담자가 더 깊이 이야기할 수 있도록 돕는 기법이라는 사실이다.

효과적인 재진술을 위해 고려해야 할 사항을 살펴보면 다음과 같다.

첫째, 상담자는 내담자 이야기 중에서 가장 두드러진 내용이나 내담자가 중요하게 생각하고 열중하는 주제를 찾아야 한다. 이때 탐색 되지 않은 중심 주제에 주의를 집중하는 것이 바람직하다.

(20세의 대학생이 아버지에 대해 말한다.)

내담자: 제가 어렸을 때 기억 속의 아버지는 늘 안 계셨어요. 항상 너무 바쁘셨다는 기억만 있어요. 그런데 지금 아버지와 단둘이 지내야 하는 일주일의 시간은 너무 길다고 느껴져요. 아버지와 둘이서 시간을 보낼 생각만 해도 걱정이 돼요.

그러나 한편으로는 아버지에 대해 좀 더 알고 싶기도 해요.

상담자: 그렇다면 좋은 기회일 수 있네요. 아버지를 잘 알고 싶은 마음이네요.

둘째, 상담자는 내담자가 말하는 내용의 핵심을 파악할 수 있어야 한다. 상담자는 내담자가 말하는 모든 것을 기억하려고 노력하기보다는 무엇을 말하고자 하는지 알아차리는 것이 중요하다.

(43세의 기혼 남성이 최근 영업 실적이 저조하기 전까지 유능한 사람으로 평가받아 왔던 것을 이야기한다.)

내담자: 제가 지금 걱정하는 문제 중 하나인데 회사 측에서 직원들 개인 업적과 성과 시간 엄수 문제를 고려하고 있어요.

상담자: 현재 걱정하고 있는 몇 가지 문제가 있군요.

셋째, 내담자가 말하고 있는 내용에 담긴 주된 의미에 대해 부연 설명을 한다.

(지각과 결석이 잦아진 고등학교 남학생이 상담 선생님에게 말한다.)

내담자: 이번 주에 몇 번 지각한 일 외에, 오늘 왜 저를 오라고 하셨는지 그 이유를 잘 모르겠어요.

상담자: 지각이 문제가 되었다고 생각하는구나.

넷째, 상담자는 내담자의 이야기 중 가장 중요한 주제에 초점을 맞추어 내담자 진술보다 짧고 간결하게 표현한다. 이러한 재진술은 무엇이 중요한지 집중하게 하고 내담자 스스로 자신의 문제에 대해

한층 깊은 차원에서 탐색할 수 있게 도와준다.

(40대 중반의 기혼 남성이 밤늦게까지 집에 들어오지 않는 중학생인 딸에 대해, 그리고 평소에 건강이 좋지 않은 아내에 대해 이야기하고 있다.)

내담자: 한 번은 너무 화가 나서 딸에게 손이 올라갈 뻔했어요. 그때 아내가 놀라서 소리쳤고, 순간 아내 혈압이 걱정되더라고요. 화내는 것으로는 아무 문제도 해결할 수 없다는 사실을 아는데도 참 안 되네요.

상담자: 그러니까 아내의 건강 문제와 딸의 행동이 스트레스가 되고 있어 그에 대한 해결책을 찾고 싶으시군요.

다섯째, 적절한 시기의 간결하고 정확한 요약을 통해 내담자 문제를 정리하고 통합함으로써 특정 주제를 면밀히 살펴본다.

(50대 초반의 남성이 계속해서 가정에서 받는 스트레스와 직장 문제를 연관시켜 이야기한다.)

내담자: 바로 며칠 전에 저의 최고 고객 중 한 사람이 다른 회사에 그 일을 의뢰했고 견적서를 받았다는 소식을 들었어요.

상담자: 가정에서 받는 스트레스가 당신의 사업에 영향을 주고 있다는 사실을 알고 계신 것 같네요.

TIP 효과적인 재진술

▶ 재진술은

1. 내담자가 자신의 감정에 대해 이야기하는 것을 두려워할 때 사용한다.
2. 내담자가 말하는 내용을 잘 이해하고 있다는 것을 알려 주어 더 많은 이야기를 하도록 할 때 적절하다.
3. 내담자의 이야기가 혼란스럽고 두서가 없을 때 요약하여 전달한다.
4. 요약을 사용하여 이전 상담을 검토하고, 상담에 방향성과 일관성을 갖게 한다.

▶ 재진술을 할 때는

1. 내담자가 하는 이야기 속에 담긴 주된 생각이나 의미를 반영한다.
2. 내담자가 하는 말에 의미를 덧붙이거나 의미를 바꾸지 않는다.
3. 내담자가 하는 이야기를 반복적으로 되풀이하지 않는다.
4. 내담자가 하는 이야기 속에 중요한 생각을 체계적으로 요약하여 반영한다.

▶ 재진술을 통해

1. 내담자의 이야기를 경청하며 이해하려 노력하고 있음을 보여 준다.
2. 상담자와 내담자 간의 신뢰관계 형성에 도움을 준다.
3. 내담자의 이야기를 잘 이해했는지 점검해 볼 수 있다.
4. 내담자가 말하는 내용을 간결하고 정확하게, 적절한 시기에 요약하여 제공함으로써 내담자의 생각을 구체화시켜 정리해 볼 수 있게 한다.
5. 상담의 방향을 제공할 수 있다.

연습문제 I

● **다음은 재진술 기법에 대한 설명이다. 맞으면 ○, 틀리면 × 표시하시오.**

설 명	○ / ×
1. 재진술을 할 때는 내담자가 말한 내용을 정리하여 차례대로 정확히 되풀이하는 것이 중요하다.	
2. 효과적인 재진술은 상담자가 내담자를 충분히 이해하였다는 것을 확인시켜 줄 수 있다.	
3. 상담자가 재진술을 너무 자주하면 내담자의 말을 되풀이하는 듯한 결과를 가져오게 되고 결국 내담자의 표현에 방해를 줄 수 있다.	
4. 내담자가 자신의 감정을 표현하는 데 두려움을 나타낼 때 상담자는 재진술을 사용하여서는 안 된다.	
5. 재진술을 할 때는 내담자가 마지막에 하는 말에 주의를 기울여야 하는데, 보편적으로 그 내용이 가장 중요하기 때문이다.	
6. 내담자가 하고 있는 이야기가 너무 혼란스럽고 장황하여 두서가 없을 때는 상담자가 그 내용을 요약하는 것이 적절하다.	
7. 요약을 할 때는 내담자가 말하는 내용을 모두 포함시켜야 내담자 이야기의 중요한 주제들을 통합할 수 있다.	
8. 요약은 내담자로 하여금 생각을 정리할 수 있게 해 주기 위한 것이므로 상담이 끝날 무렵에 하는 것은 적절하지 못하다.	
9. 재진술을 할 때는 간결해야 하고 내담자가 이야기하고 있는 것의 핵심을 알아차려야 한다.	
10. 재진술은 다른 형태의 상담기술과 함께 사용할 수 있으며 상담의 방향을 제공할 수 도 있다.	

모범 답 1. × 2. ○ 3. ○ 4. × 5. × 6. ○ 7. × 8. × 9. ○ 10. ○

연습문제 Ⅱ

● **(1~10) 사례를 읽고 내담자가 말한 내용을 가장 잘 반영하는 재진술 반응을 고르시오.**

1. 거식증 증상을 보이는 여성 내담자가 최근 들어 자주 느끼는 현기증에 대해 말하고 있다.

내담자: 저는 바보가 아니에요. 저도 칼로리를 살펴보고, 또 영양분이 충분한지도 살펴보고 양을 조절해요. 몇 번의 현기증이 분명히 일에 대한 스트레스 때문이 아니라면 왜 그런지 잘 모르겠어요.

① 왜 그런지 분명히 알고 있을 텐데요.
② 일에 대한 스트레스가 문제라고 생각하시는군요.
③ 현기증에 대해 함께 이야기해 봐야 할 것 같습니다.

해설 ①번은 내담자가 말한 내용을 수용하지 못하면서 집중하고 있지 않았음을 보여 준다. 내담자 이야기의 핵심을 파악하려고 노력해야 한다. ②번은 내담자 말의 의미를 바꾸지 않으면서 핵심을 부연 설명했다. ③번은 내담자가 하고 있는 말을 대수롭지 않게 여기고 있다.

모범 답 ②

2. 여성 내담자가 남편의 알코올 남용 문제를 호소하고 있다.

내담자: 선생님도 분명히 아시다시피, 그 어느 누구보다도 제가 제일 걱정하는 문제 중 하나는 남편의 음주가 심해지는 것과 일을 제대로 할 수 없는 것 때문에 상황이 더 악화되었다는 것이에요.

① 현재 걱정하고 있는 문제가 몇 가지 있군요.
② 아내로서 자신이 어떤 역할을 해야 할지 알고 계시는 것 같군요.
③ 그렇다면 남편이 심해지는 음주와 일을 제대로 못하는 것에 신경 쓰는 것을 알고

계시겠네요.

해설 ①번은 내담자가 한 말의 가장 중요한 측면을 재진술하였다. ②번은 적절치 못한 반응이다. 내담자의 말의 핵심이 마지막 말에 담겨 있는 것은 아니다. 내담자 문제에 관심을 가져야 한다. ③번은 내담자 말의 마지막 부분을 따라하면서 정작 말 속에 담긴 내용은 간과하였다. 전적으로 부적절한 반응은 아니지만 남편의 입장만을 중요시하는 답변이다.

모범 답 ①

3. 남편의 알코올 남용 문제를 호소하는 여성과의 대화에서 심해지는 음주와 악화되는 상황에 대해 말하고 있다.

내담자: 집안 문제 때문에 이 모든 문제가 생긴 것 같아요.

① 부부 사이에 문제가 있군요.
② 남편의 문제가 집안 문제에서 유래되었다고 생각하는군요.
③ 가족 내에서의 자신의 역할에 대해서는 관심이 없어 보입니다.

해설 ①번은 단정적인 반응으로 내담자의 말의 핵심에서 멀어지게 된다. 내담자가 말하기 전에 그 문제가 뭔지 안다고 단정 짓는 것은 주의해야 한다. ②번은 내담자가 말한 내용을 정확히 반영함으로써 내담자가 이야기를 계속하게 한다. ③번은 내담자 이야기의 핵심을 놓치고 있는 반응이다.

모범 답 ②

4. 아내에게 통제적이고 폭력적인 남성이 자신의 폭력적인 행동을 대수롭지 않게 표현하고 있다.

내담자: 순전히 집사람 때문입니다. 적어도 내가 퇴근해서 집에 왔을 때는 놀러 다니지 말고 집에 있어야죠. 밤에 집에 들어오질 않아요.

① 부인이 사건을 만든 것이 있었나요?
② 부인과의 사이에 문제가 많았던 모양입니다.
③ 부인이 밤에 집에 안 들어온다는 것이 주된 문제군요.

해설 ①번은 내담자에게 초점을 두기보다 아내에게 초점을 둔 폐쇄질문이다. 내용 반영은 내담자 이야기와 문법적으로 비슷하게 질문하는 것이 아니라 서술문으로 표현하는 것이 바람직하다. ②번은 추측을 하고 있으며 아내와의 현재 문제에서 과거 경험으로 논의의 초점을 바꾸고 있다. ③번은 옳은 반영으로 내담자가 한 말을 부연 설명하고 내담자 말처럼 현재 시제를 사용했다.

모범 답 ③

5. 40대 여성 내담자가 남편의 가정 폭력에 대해 감정을 억제하는 어조로 말하고 있다.

내담자: 안 해 본 게 없어요. 무조건 시키는 대로 했어요. 심지어 내가 잘못한 것이 아니더라도 기꺼이 내 탓으로 돌리고 목소리 한 번 높여 본 적도 없어요. 하라는 대로 꼭두각시처럼 지냈어요. 그러면 그런다고 화를 내요. 저를 밀치고 떠밀기도 하지만 그 정도는 감당할 수 있다고 생각해요. 제가 참는 것 말고 그 외에 더 할 수 있는 게 도대체 뭘까요?

① 이것저것 남편의 뜻에 따랐지만 모두 소용이 없었군요.
② 글쎄요. 혹시 종교적인 믿음을 가져 보는 것은 어떨까요?
③ 다른 무엇인가 할 수 있는 것이 분명히 있을 겁니다.

해설 ①번은 내담자 이야기를 이해하려고 노력하고 있음을 보여 주는 반응이다. ②번은 충고로 인해 논의 내용이 바뀌게 되며 내담자 이야기에 주의를 기울이지 않았음을 보여 준다. ③번은 남편의 폭력적 행동을 피해 보려고 노력했는데 실패한 이야기를 하고 있다. 이러한 내용은 내담자의 이야기를 무시한 반응이다.

모범 답 ①

6. 20대 여성 내담자가 이별을 원하는 남자친구에 대해서 받아들일 수 없는 마음을 다소 담담한 목소리로 말하고 있다.

내담자: 갑작스러웠어요. 나에 대한 그의 사랑은 변함없지만 내가 자기에게 잘 맞는 것 같지 않다네요. 지난 3년 동안 함께 나누었던 즐거운 시간들을 생각하면 고마울 따름이지만 자기를 잊어 달래요. 그것만이 서로를 더 곤란하지 않게 하는 길이라면서. 진짜 이유가 뭔지 도대체 정말 어찌해야 할지를 모르겠어요.

① 절박한 심정인 것 같아요.
② 엄청난 상황이군요.
③ 그러니까 어떻게 해야 남자친구의 마음을 돌릴 수 있을지가 가장 큰 고민거리군요.

해설 ①번은 정확한 감정 반영이다. 이처럼 내담자가 자신의 감정에 대한 말은 꺼내지도 않았는데 상담자가 자신의 감정에 대해 반응하면 내담자는 자신을 빨리 드러낸 것 같아 불안하게 느낄 수 있다. ②번은 감정 반영으로서는 바람직할 수 있지만, 그보다는 내용에 대한 반응부터 하고 내담자가 감정을 말하는 것을 편하게 느낄 때 점차 감정에 대해 언급하는 것이 더 바람직하다. ③번은 적절한 내용 반영이다. 정확한 내용 반영이 이를 표현하지 못했던 내담자에게 용기와 자신감을 줌으로써 자신의 감정을 털어놓게 만들 것이다.

모범 답 ③

7. 40대 기혼 내담자가 같은 직장 여성에 대한 연애 감정 때문에 회사 생활에 영향을 받고 있다고 말하고 있다.

내담자: 예전에는 이런 감정을 느껴본 적이 없었어요. 내가 결혼한 몸이라는 것이 아무 문제가 안 된다고 느껴져요. 내가 어떻게 하고 싶은지를 잘 알지만 그래서는 안 된다는 사실도 잘 알죠. 어떨 때는 가정이나 회사 같은 것이 별로 중요하지 않다는 생각이 들 때도 있고, 그러다 보면 결국 회사 일에 신경을 안 쓰게 되고 실수가 많아지게 되죠.

① 회사 일에 흥미를 잃어 버리신 것 같군요.

② 동료 여성에 대한 감정이 직장 생활에 지장을 주고 있군요.

③ 부인이 가정에 대해 더 신경을 써야 될 것 같은데요.

해설 ①번은 내담자가 일과 회사에 흥미를 잃어 버린 것으로 단정을 하고 있다. 사실이 아닐 수도 있다. ②번은 재진술을 통해 내담자의 이야기를 제대로 이해했는지 명확히 하고 있다. ③번은 문제를 설명하고자 하는 내담자의 노력에 전혀 도움이 되지 못하는 반응이다.

모범 답 ②

8. 지방 출신의 대학 2학년생인 내담자가 다음과 같이 말하고 있다.

> **내담자**: 제가 촌 학교 출신이라는 것을 드러내 놓고 말하지 않지만, 과 아이들이 나를 무시하는 것은 느낄 수 있어요. 어떤 일을 하든 같이 하도록 끼워 주지 않아요. 나를 마치 모자라는 사람처럼 취급하는 것 같거든요. 얼마 전에는 나한테는 한마디도 없이 공모전 참가 명단에서도 제외했더라고요.

① 학과 일에 참여하지 못해 성적에 미치는 영향이 상당히 안 좋겠네요.

② 지금으로선 공모전이 우선인 것 같네요.

③ 출신 지역이 학교생활에 심각한 영향을 주고 있다고 알고 있네요.

해설 ①번에서 내담자는 학교생활과 관계적인 면을 설명하고 있으나 상담자는 성적에만 초점을 두고 반응하고 있다. 이러한 반응은 내담자 관점이 아닌 상담자 관점을 드러낸다고 할 수 있다. ②번은 내담자 말의 주된 의미를 잘못 해석하였다. 내담자는 공모전뿐 아니라 대인관계나 자신의 능력에 대한 우려도 표현하고 있다. ③번과 같은 간결한 요약의 반응은 내담자 이야기 속에 담긴 중요한 생각을 검토하게 하고 깊은 탐색을 촉진시킨다.

모범 답 ③

9. 한 내담자가 아버지가 돌아가시고 심한 우울증에 시달리는 어머니에 대한 이야기를 하고 있다.

내담자: 제 친구는 어머니가 돌아가시고 혼자가 되신 아버지가 전혀 외출을 하지 않으셔서 한의원에 모시고 갔다고 하더라고요. 한의사가 한참 동안 이야기 상대를 해 주었대요.

상담자: 친구는 한의사의 도움을 받았군요.

내담자: 네. 저희 어머니 문제로 병원을 찾아가야 할지 아직 모르겠어요. 이웃 사람은 입원을 시키는 것에 대해서도 이야기했는데 그건 너무 과한 것 같고, 어떻게 해야 할지 모르겠어요. 우선은 병원에 모시고 가야겠죠? 남동생이 모시는 것에 대해서도 생각하고 있어요.

① 분명 다른 해결책이 있을 겁니다.

② 친구 분 같은 경우는 한의원에 모시고 갔고, 병원에 어머니를 모시고 가 볼 것에 대한 생각도 하셨네요. 그리고 이웃 사람은 입원을 권유했네요. 그리고 남동생이 모시는 것에 대해서 생각도 하셨고요.

③ 어머니 문제에 대해 많이 생각해 보고 계시지만 어떻게 해야 할지 확신이 안 서는 것 같네요. 우리가 한 가지씩 살펴보기로 하죠.

해설 ①번은 해결 방법에 대한 내담자 생각이 한정된 것처럼 반응하였기 때문에 내담자는 자신이 생각해 본 방법들을 살펴볼 수 없게 된다. ②번의 내용반영은 간결하면서 잘 정리된 것으로, 이처럼 내담자 말 속의 핵심적인 생각에 초점을 두어야 한다. 단순히 내담자 말을 되풀이하는 내용 반영은 이야기의 핵심을 놓칠 수 있다. ③번은 요약을 통해 내담자의 두서없는 생각 속에 담긴 의미를 파악할 수 있게 하고, 이를 통해 대안 탐색으로 발전할 수 있게 된다.

모범 답 ③

10. 암을 앓고 있는 내담자가 의사로부터 죽을 수도 있는 대수술 제안을 받고 다음과 같이 말하고 있다.

내담자: 나와 같은 수술을 받았던 내가 아는 남자는 수술 후 6개월 만에 사망했어요.

① 수술이 정말 도움이 될지 모르겠네요.

② 맞습니다. 수술 후 얼마나 오래 살 수 있는지가 초점이 되어야지요.

③ 수술 문제도 중요하지만 당신이 수술을 받으면 오래 살지 못할까 봐 걱정하고 계시는군요.

해설 ①번은 내담자 문제로부터 상담자 생각으로 초점이 바뀌었으며, 내담자가 한 말의 일부에만 초점을 두고 있다. ②번은 내담자의 수술로 인한 죽음에 대한 두려움을 간과하고 있다. ③번은 적절한 내용 반영을 통해 내담자의 이야기를 제대로 이해했는지를 명확히 하고 있다.

모범 답 ③

연습문제 III

● **(1~5) 아래에 제시된 각 내담자의 상황과 반응에 대해 상담자로서 적합한 재진술 반응을 해 보시오.**

1. 수업 시간에 매번 조는 것 때문에 상담실로 불려온 17세 남학생이 상담자에게 말하고 있다.

> 내담자: 저보고 왜 여기에 가라고 했는지 그 이유를 정말로 모르겠습니다. 단지 수업 중에 조금 졸았을 뿐이지 제가 다른 사람을 불편하게 하거나 문제가 있다고 생각하지는 않습니다.

재진술 반응:

해설 재진술은 내담자가 말한 내용보다 말 속에 담긴 주된 의미를 표현해야 한다.

모범 답 상담받을 이유가 없다고 생각하는군요.

2. 한 여대생 내담자가 이혼한 부모와 가족에 대해 이야기하고 있다.

> 내담자: 우리 가족 모두는 서로 싸우기 위해 사는 것 같아요. 기억에 우리 식구들은 결코 친밀했던 적이 없었어요. 부모님은 9월에 헤어졌어요. 근데 사실대로 말하자면, 저도 그렇고 아버지도 오히려 잘 지내시는 것 같아요.

재진술 반응:

해설 표면적으로 설명되는 내용과 관련지어 내담자가 표현하고자 하는 핵심 생각을 표현할 필요가 있다.

모범 답 당신은 부모님이 헤어지신 것이 오히려 더 낫다고 생각하고 있는 것 같네요.

3. 직장 동료들이 자기에 대해 끊임없이 부정적인 이야기를 한다고 하소연하는 남성 내담자가 다음과 같이 말하고 있다.

> 내담자: 내가 없는 데서 내 이야기를 하는 사람들에게 이제는 신물이 나요. 그들은 내가 등만 돌리면 나를 비난하기 시작해요. 내가 틀린 것이 없는데도 불구하고 나를 따돌리려고 하는 거죠.

재진술 반응:

해설 내담자의 현재의 관계에서 지각되는 감정과 사고 경향성을 통해 발견할 수 있는 핵심 주제를 반영해 준다.

모범 답 당신은 동료 직원들이 번번이 자신을 배척하려 한다고 생각하는군요.

4. 여성 내담자가 남편에 대해 다음과 같이 말하고 있다.

> 내담자: 내 남편은 정말로 전혀 도움이 안 됩니다. 내가 그런 사람을 만나 사랑했다는 것이 믿어지지 않아요. 나에게 행복한 가정이라는 것은 아주 낯설게만 느껴져요. 나는 남편이 꽤 좋은 사람이라고 생각했는데, 아무리 생각해도 우리가 현재 이런 상태에 있는 것은 남편과 많은 관련이 있다고 생각합니다.

재진술 반응:

해설 내담자가 두서없이 생각나는 대로 하는 말을 적절하게 정리해 주는 것은 내담자가 생각을 정리할 수 있도록 돕는다.

모범 답 당신은 남편이 당신의 가정과 당신 자신에게 불행을 가져왔다고 믿고 있네요.

5. 중학생이 담임교사에게 다음과 같이 말하고 있다.

> 내담자: 누군가가 나를 먼저 건드리지 않으면 나는 결코 화를 내지 않아요. 단지 나를 내버려 두기를 바랄 뿐이에요.

재진술 반응:

해설 내담자의 사고와 감정이 주변 사람들의 영향을 받고 있음을 반영함으로써 이해를 도울 필요가 있다.

모범 답 다른 사람들이 너를 화나게 만든다는 거구나.

실습훈련

● **다음과 같이 재진술 반응을 실습해 본다.**

진행 방법

3명이 한 조가 되어 내담자, 상담자 및 관찰자 역할을 번갈아 가며 맡는다. 가능하면 각각의 짧은 상담을 녹음하거나 녹화한 뒤 토론을 한다.

• 상담자 역할

상담자는 내담자가 다음에 무슨 이야기를 할 것인가를 생각하지 말고 경청하며 듣는다. 내담자 진술 후 어떤 이야기를 할 것인가를 생각하고 내담자 이야기를 부연 설명하는 것을 연습해 본다. 마지막 말은 내담자 이야기를 요약하는 것이어야 하며 감정보다는 내용에 초점을 맞춘다.

• 내담자 역할

상담자가 상담을 진행할 수 있도록 충분한 정보를 제공한다. 친구 및 가족 문제를 가지고 이야기해 보거나 다음 역할 중 하나를 선택하여 연기해 본다.

〈역할 활동을 위한 사례〉

사례 1: 해야 할 과제가 많은 학생이다. 일주일에 20시간 이상 아르바이트를 해야 하기 때문에 언제 과제를 할 수 있을지 모르겠다. 학교와 아르바이트를 끝내고 오면 너무나 힘이 들어 학교 과제는 엄두도 못 내고, 그냥 아무 생각 없이 쉬고 여가 활동을 즐기고 싶다.

사례 2: 졸업 후 전국일주를 계획하고 있는 청년이다. 처음에는 혼자 가려다 친구들이 같이 가자고 해서 그 친구들에 맞춰 계획을 수정했는데, 이제 와서 한 명이 가지 않겠다고 한다.

사례 3: 어머니로부터 갑자기 부모의 이혼을 통보받은 내담자다. 9세 무렵부터 매일 밤 어머니는 같이 이야기할 사람이 없다고 하며 내담자에게 이야기를 했다.

아버지 다음으로 만난 그 남자는 정말 형편없는 사람이다. 알코올 중독에다 가 심지어 어머니를 가끔씩 때리기까지 한다.

사례 4: 상당한 돈과 재산을 최근에 물려받았는데 어떻게 해야 할지 결정할 수 없는 상황에 처한 내담자다.

• 관찰자 역할

녹음 · 녹화 장비를 작동시키면서 연습상담을 관찰하여 재진술 반응 실습 관찰지를 작성하고, 관찰 내용을 메모한다.

상담 후 토론

모든 참여자는 녹음 · 녹화된 상담 장면과 재진술 반응 실습 관찰지를 활용하여 각 상담이 어떻게 진행되었는지, 어떤 반응이 가장 유용했고 그 이유는 무엇인지, 어떤 어려움이 있었는지, 그리고 개선 방안은 무엇인지에 대해 토론한다.

재진술 반응 실습 관찰지

소속:　　　　　　　　이름:

• 관찰자는 상담실습 장면을 관찰하여 아래의 점검표를 작성하고 물음에 답하시오.

1. 다음 영역에 대한 상담자의 반응 점수에 ∨표를 하시오.
(점수가 높을수록 효과적임을 의미한다.)

상담자 반응	1	2	3	4	5
내담자의 말 속에 담긴 주된 생각에 대한 반응의 적절성					
내담자가 하는 말에 의미를 덧붙이거나 의미를 바꾸지 않는 반응의 적절성					
내담자의 말 속에 담긴 중요한 생각들을 체계적으로 통합하는 적절성					
내담자의 이야기가 장황하고 혼란스러울 때 요약 반응의 적절성					
내담자가 나타낸 반응 뒤에 숨겨진 내용과 의미를 표현하는 적절성					

2. 어떤 재진술 반응이 가장 유용했고, 그 이유는 무엇인지 적어 보시오.

3. 상담자 반응 중에서 보완할 점을 적어 보시오.

직 면

5

문제를 직면한다고 해서 모든 문제가 해결되는 것은 아니다.
그러나 직면하지 않고서 해결되는 문제는 없다.

-James Baldwin-

학습목표

1. 직면 기법의 개념과 사용 목적에 대해 설명할 수 있다.
2. 내담자의 모순점을 파악할 수 있다.
3. 직면의 유의점을 고려하여 직면 반응을 연습할 수 있다.
4. 내담자의 모순된 감정이나 행동을 존중하면서도 직면시키는 기술을 익힐 수 있다.

직면이란 내담자의 삶에서 의미 있는 영향력을 행사하고 있지만 내담자가 의식적 · 무의식적으로 피하고 있는 사실에 대해 일치하지 않는 언행을 의도적으로 지적함으로써 알게 하는 상담기법이다. 대부분의 내담자는 자신의 문제를 해결하여 변화되기를 원하면서도 한편으로는 자신의 문제를 개방하고 직시하는 것을 두려워한다. 그 결과 내담자는 의식적 · 무의식적으로 자신의 진실을 스스로 부정하거나 타인에게 자신의 문제를 숨기기 위해 방어하게 된다. 이럴 때 상담자는 내담자의 말과 행동에서 드러난 모순점이나 불일치점을 지적함으로써 내담자가 방어하고 부정하고 있는 자신의 모습에 주목할 수 있게 하는 것이다.

직면은 내담자가 상담 중에 보인 사고, 감정, 행동에서 모순이나 불일치가 관찰될 때 이러한 모순이나 불일치를 지적하는 상담기법이다.

직면은 내담자의 자기탐색과 통찰 그리고 변화를 실행하는 과정에 다각도로 영향을 미칠 수 있다. 상담자는 직면을 통해 내담자 자신이 인정하고 싶지 않았던 감정이나 욕구를 자각할 수 있게 하고, 내담자가 자신의 문제를 다른 관점으로도 볼 수 있게 하여 적절한 책임감을 갖도록 고무시킬 수 있으며, 부적절한 방어를 극복하고 적절한 방어를 사용할 수 있게 한다(Hill, 2012). 또한 직면은 경험과 의사소통에서의 애매모호함 및 부조화를 감소시킬 수 있게 돕고, 내담자가 스스로를 수용하고 완전히 기능하도록 격려함으로써 내담자가 자신의 변화 가능성에 대한 신념을 갖고 변화를 위한 새로운 수단들을 활용할 수 있게 한다(Carkuff, 1969).

직면은 내담자가 자신의 감정이나 욕구를 자각하게 하고 자신의 문제를 다른 관점으로도 볼 수 있게 하여 내담자가 변화를 위한 새로운 수단들을 활용할 수 있게 한다.

이처럼 직면의 목적은 내담자의 모순점이나 불일치점을 명료화함으로써 내담자의 자기이해와 변화 동기를 높이는 데 있지만, 내담자 입장에서는 자신의 문제점을 공격하거나 비난하는 것으로 받아들이기 쉬워 오히려 내담자의 방어를 높이고 상담에 역효과를 일으킬 수도 있다. 반면에 내담자가 상처받거나 상담자–내담자 관계가 나빠질 것이 두려워 상담자가 직면을 피한다면 상담 진행이 정체되는 등 상담의 활성화가 이루어지기 어렵다. 따라서 상담자가 내담자의 지적 능력과 자율성을 기본적으로 존중하면서 적절한 시기에 직면을 사용하기 위해서는 상당한 준비와 주의가 필요하다.

1. 직면을 사용하는 경우

직면은 주로 내담자의 말이나 행동에서 어떤 불일치가 있을 때, 특정한 화제를 피하거나 다른 사람의 생각 및 느낌을 받아들이려 하지 않을 때, 내담자 자신이나 다른 사람의 삶에 위협적인 행동을 할 때 사용한다.

직면은 주로 내담자가 깨닫지 못하고 있는 가운데 자신의 말이나 행동에서 어떤 불일치가 있을 때 사용된다. 내담자의 불일치는 두 가지 언어적 진술 사이, 말과 행동 사이, 두 가지 행동 사이, 두 가지 느낌 사이, 행동과 가치 사이, 자기 자신의 인식과 경험 사이, 그리고 이상적 자아와 실제적 자아 사이에서 일어날 수 있다. 그리고 내담자가 자신의 입장에서만 특정한 상황을 볼 것이 아니라 제3자의 입장에서 객관적으로 보도록 할 때도 직면을 사용한다. 또한 내담자가 상담에서 특정한 화제를 피하거나 다른 사람의 의견 및 생각, 느낌을 받아들이려 하지 않을 때 역시 내담자를 이해시키기 위한 직면을 사용한다. 종종 내담자가 자신이나 다른 사람의 삶에 위협적인 행동을 하는 위기 상황에서도 직면을 사용할 수 있다. 더불어 내담자의 결점과 한계뿐만 아니라 장점과 저력에 관련된 모순점에 대해서도 직면시킬 수 있다.

Hill(2012)이 제시한 불일치의 유형별로 직면의 예를 들어 보면 〈표 5-1〉과 같다.

〈표 5-1〉 불일치 유형별 직면의 예시

불일치의 유형	직면의 예시
언어적 진술 간의 불일치	당신은 문제가 없다고 말하면서 그가 당신에게 화가 났다고 말하는군요.
말과 행동 간의 불일치	요즘 마음이 행복하다고 하시는데, 표정은 쓸쓸해 보이시네요.
두 가지 행동 간의 불일치	당신은 웃고 있지만, 이를 악물고 있군요.
두 가지 느낌 간의 불일치	당신은 동생에게 화가 났다고 느낀다고 하지만, 다른 사람이 당신 동생을 칭찬하면 흐뭇해하는군요.
행동과 가치 간의 불일치	다른 사람의 선택을 존중한다고 말하지만, 아들이 선택한 직업을 인정해 주지 않는군요.
자신의 인식과 경험 간의 불일치	친구들이 아무도 당신을 좋아하지 않는다고 말하지만, 지난주에 누가 같이 점심 먹자고 했다고 하지 않으셨나요?
이상적 자아와 실제적 자아 간의 불일치	당신은 목표를 달성하기를 원한다고 말하면서도 자신이 해 낼 수 없을 것이라고 말하고 있군요.
상담자와 내담자의 생각 간의 불일치	당신은 자신이 성실하지 않다고 말하지만, 저는 당신이 최선을 다하고 있다고 생각해요.

2. 직면의 방법

상담에서 직면은 내담자 스스로 자기 말과 행동의 모순되는 점에 주의를 기울일 수 있게 만드는 높은 수준의 기술이다(Evans, Hearn, Uhlemann, & Jvey, 2000). 따라서 효과적인 직면을 위해서는 구체적인 실시 방법을 익혀 적용하여야 한다.

직면을 효과적으로 실시하기 위해서는 먼저 모순되거나 불일치하는 양면을 가설적으로 제시하는 표현 방식을 갖출 필요가 있다. 직면시킬 때는 모순이나 불일치되는 양면을 함께 제시하는 것이 좋다. 양면을 비교 · 대조하기 쉽게 제시함으로써 내담자는 자신의 비일관성, 부조화 등을 스스로 확인하고 자기이해와 문제해결의 의지

직면을 할 때는 비교 · 대조하기 쉽도록 모순되는 양면을 함께 제시하고, 단정적이지 않게 가설적이고 공감적으로 표현한다.

를 높일 수 있다. 또한 직면을 시킬 때는 '~일까요?' '~일 것 같아요'와 같이 단정적이지 않고 가설적인 표현을 쓰면 효과적이다. 내담자가 자신을 더 깊이 관찰할 수 있도록 격려하기 위해서 직면은 비판적이어서는 안 되고 내담자와 협력적으로 활동하는 것이어야 한다(Hill, 2012).

이와 같이 모순되는 양면을 가설적으로 제시하는 직면의 방법을 그 표현 형식별로 예를 들어 살펴보면 〈표 5-2〉와 같다.

〈표 5-2〉 직면의 표현 형식별 예시

표현 형식	예시
한편으로는 ~하지만, 다른 한편으로는 ~하군요.	한편으로는 그녀 곁을 떠나고 싶지만, 다른 한편으로는 그녀 없이는 못 살 것 같군요.
당신은 ~라고 말하지만, 또 ~라고 말하기도 하는군요.	지금 살림할 돈이 없다고 하시지만, 조금 전에는 비싼 옷을 샀다고 말씀하시기도 하는군요.
당신은 ~라고 말하지만, 당신의 모습은(비언어적으로는) ~처럼 보이는군요.	당신은 자신을 약하고 조용하다고 말하지만, 지금 그 말을 하는 당신의 모습은 얌전하게 보이지만은 않네요.

또한 직면을 효과적으로 실시하기 위해서는 일련의 단계를 밟을 필요가 있다. 내담자는 자신의 모순되거나 불일치한 점을 지적하는 직면에 대해 강한 저항을 보일 수 있다. 내담자가 보이는 불일치는 그럴 만한 이유가 있어 발달한 것이고 내담자 일생의 어느 한때에는 특정한 목적이나 기능을 수행하는 역할을 했기 때문에, 그 불일치를 포기한다는 것은 곧 자신이 상처를 입는다는 것으로 느낄 수 있으므로 내담자에게 직면은 매우 어려운 과정이다. Brems(2005)는 이런 점을 고려하여 직면은 이해의 관점에서 시작하여 점진적으로 변화를 위한 도전으로 나아가야 한다고 보고, 직면이 거쳐야 할 네 단계를 다음과 같이 제시하였다.

- 1단계: 내담자의 불일치를 도전적으로 지적하지 않고, 직설적 · 양육적 · 공감적으로 지적한다.
- 2단계: 내담자와 함께 불일치를 탐색하고, 내담자가 불일치를 인식하고 수용하도록 돕는다.
- 3단계: 내담자의 불일치가 발달한 방식, 그 발달상에서의 목적, 내담자의 현재의 삶에 미치는 영향 등을 탐색하도록 돕는다.
- 4단계: 내담자가 불일치의 의미와 영향을 인식하고 자신의 삶에서 불일치를 유지하도록 둘 것인지의 여부를 의도적으로 선택하게 한다.

내담자의 저항을 최소화하기 위해 직면은 이해의 관점에서 시작하여 점진적으로 변화를 위한 도전으로 나아가는 네 단계를 밟아 진행하여야 한다.

단계별 반응의 예를 들면 다음과 같다.

내담자: 남편의 음주 습관은 심각한 상태지요. 하지만 저는 별로 신경 쓰지 않아요.

상담자: 남편이 심각하지만 신경 쓰지 않는다고 말하는 것으로 보아 이제는 별로 신경 쓰고 싶지 않을 만큼 몹시 지쳤나 봐요? 〈1단계〉

상담자: 당신 스스로 남편의 상태가 심각하다고 말하면서 당신은 신경을 쓰지 않는다고 하는군요? 〈2단계〉

상담자: 당신이 남편의 심각한 문제에도 신경이 쓰이지 않게 된 것은 과거 가족관계에서 입은 상처로 인해 관심을 기울여도 변화될 수 없다는 생각을 갖게 되었기 때문은 아닐까요? 〈3단계〉

내담자: 선생님의 말씀대로 어렸을 때 겪은 동생과 엄마의 죽음으로 인해 아무리 관심을 가지고 노력해 봤자 달라질 게 없다는 생각에서 미리 포기해 버리고 도망치려는 마음이 있

었던 것 같아요. 지금은 예전처럼 집안 형편이 어렵지도 않고 저도 어른이니까 남편을 도울 수 있을 거예요. 〈4단계〉

3. 직면 사용의 유의점

직면은 내담자 스스로 자신의 말과 행동의 모순적 측면에 주의를 기울일 수 있도록 만드는 유용한 기법이다. 그러나 자신이 회피하려는 모순점을 지적받는 것은 누구에게나 심판받고 공격당하는 기분이 들게 할 수 있다. 따라서 상담자는 경청과 세심한 관찰에 근거해서 내담자의 문제를 직면시켜야 한다(Evans et al., 2000). 또한 직면은 비판을 내포할 수 있어서 내담자를 당황스럽게 하고 심지어는 상담자를 불신하게 할 가능성이 있으므로, 상담자는 공감과 관심을 기울이는 분위기에서 온화하고 양육적으로 직면을 실시해야 한다(Brems, 2005).

직면을 사용할 때의 유의점은 다음과 같다.

> 직면은 내담자에게 치료적일 때만 실시한다.

첫째, 내담자의 변화를 위해 필요하고 치료적일 때만 실시한다. 상담자의 개인적인 기호나 상담의 성과에 대한 상담자의 욕구에 의해 직면이 사용되어서는 안 된다.

> 직면은 내담자의 특성에 따라 유연하게 적용되어야 한다.

둘째, 내담자의 특성에 따라 상대적이며 유연하게 적용되어야 한다. 내담자의 변화에 필요하다고 할지라도 내담자의 처지나 자아의 강도가 어떠한가에 따라 직면의 정도나 접근 방법, 시기는 달라져야 한다.

> 직면은 상담과정 전반 및 상담회기에서 시기적절하게 제시되어야 한다.

셋째, 상담과정 전반 및 상담회기에서 시기적절하게 제시되어야 한다. 즉, 상담자와 내담자 간에 충분한 라포가 형성되었을 때 사용해야 하며, 내담자의 모순적 행동 직후에 빠르고 명료하게 실행되어야 한다.

넷째, 직면은 추측한 정보가 아니라 내담자가 한 말이나 행동에 근거해서 표현되어야 한다. 예를 들어, "아마도 남자친구를 다시 볼 자신이 없어서 핑계를 찾고 있는 것 같군요"라는 표현보다는 "지난번 그 일로 남자친구 보기가 힘들다고 하더니 안 만날 수 있는 이유를 애써 찾고 있는 걸로 느껴져요"라는 표현이 적절하다.

직면은 상담 장면에서 내담자가 한 말이나 행동을 근거로 표현되어야 한다.

다섯째, 상담자는 예의 바르고 신중하며 가설적이고 공감적으로 직면을 사용해야 한다. 직설적이고 확정적인 어투는 내담자에게 공격적으로 받아들여져 방어를 높일 수 있다. 예를 들어, "그건 너무 비현실적인 생각인 것 같군요"라는 표현보다는 "부모님을 걱정하는 마음은 알겠지만 진주 씨가 가족의 문제를 혼자서 감당하려는 모습은 안타깝네요. 다른 방법을 생각해 보기는 힘든가 봐요?"라는 표현이 알맞다.

직면은 예의 바르고 신중하며 가설적이고 공감적으로 표현되어야 한다.

여섯째, 직면 시 내담자가 비난을 당하거나 평가받는 느낌을 받지 않도록 주의해야 하며, 상담자가 생각하는 문제의 해결책을 일방적으로 제시해서는 안 된다. 직면이 그것을 통해 내담자 스스로 자기통찰을 할 수 있는 계기가 되도록 실시되어야 한다. 예를 들어, "당신은 타인에게 의존하는 그 태도를 바꿔야 해요"라는 표현보다는 "당신이 가지고 있는 해결 능력을 발휘할 수 없게 만드는 무엇인가가 있는 것 같은데요?"라는 표현이 효과적이다.

직면은 평가나 지시 및 조언받는 느낌을 주지 않도록 주의해야 한다.

일곱째, 내담자의 삶에 변화를 촉구한다는 면에서 직면은 내담자에게 상당히 위협적인 느낌을 줄 수 있다. 따라서 상담자는 직면 후에 경청을 통해 내담자의 언어적·비언어적 반응을 주의 깊게 관찰해야 한다. 그리고 내담자의 반응에 따라 내담자의 감정에 대해 적절한 개방형 질문을 하고 감정 반영을 함으로써 내담자의 불안감을 해소시켜 주어야 한다.

직면 후에 상담자는 내담자의 반응을 관찰하여 내담자의 불안감을 해소시켜 주어야 한다.

TIP 효과적인 직면

1. 내담자의 변화를 위해 필요하고 치료적일 때만 실시한다.
2. 내담자의 특성에 따라 상대적이며 유연하게 적용한다.
3. 상담과정 전반 및 상담회기에서 시기적절하게 제시한다.
4. 상담자와 내담자 간에 충분한 라포가 형성되었을 때 사용한다.
5. 내담자의 모순적 행동 직후에 빠르고 명료하게 실행한다.
6. 내담자가 한 말이나 행동에 근거해서 사용한다.
7. 예의 바르고 신중한 태도로 실시한다.
8. 가설적이고 공감적으로 표현한다.
9. 평가나 조언이 되지 않도록 주의를 기울인다.
10. 직면할 때와 직면한 후에 내담자의 불안감을 해소시켜 준다.

연습문제 I

● **다음의 직면 기법에 대한 설명이 맞으면 ○, 틀리면 × 표시하시오.**

설 명	○ / ×
1. 내담자는 직면을 통해 자기 행동의 구체적 모순점에 주의를 기울일 수 있게 된다.	
2. 직면 기법의 사용 여부는 내담자에 대한 상담자의 감정에 의해 결정되어야 한다.	
3. 직면은 내담자의 말이나 행동보다는 추측한 정보에 근거해야 한다.	
4. 상담자와 내담자 간의 신뢰감 형성은 직면 기법 사용의 전제 조건이다.	
5. 직설적이기보다 가설적인 표현의 직면이 효과적이다.	
6. 직면하는 동안과 직면한 후에 내담자의 감정을 고려하고 관찰해야 한다.	
7. 일반적으로 직면하는 말 속에 평가나 비판, 문제해결 방법이 나와야 한다.	
8. 직면은 내담자의 약점과 한계를 다룰 때만 사용해야 한다.	
9. 상담자와 내담자 사이의 관점의 불일치는 직면해서는 안 된다.	
10. 직면시키는 상담자의 태도가 비심판적일 때 내담자의 방어를 줄일 수 있다.	

모범 답 1. ○ 2. × 3. × 4. ○ 5. ○ 6. ○ 7. × 8. × 9. × 10. ○

연습문제 II

● (1~10) 다음 문제에 제시된 내담자 반응에 대한 상담자의 직면 반응으로 가장 알맞은 것을 고르시오.

1. 대인관계에 대한 어려움으로 상담을 받고 있는 한 중년 여성이다.

> **내담자:** (방금 사람들과 만나는 데 관심이 없다는 말을 했다.) 이번 동창회에 어떤 옷을 입고 갈지 고민이에요.

① 모임이 있으면 옷 걱정부터 하게 되지요.
② 당신의 매력을 살려 줄 수 있는 의상을 구입하는 것도 괜찮겠네요.
③ 좀 혼란스럽군요. 방금 전에는 사람들과 만나는 데 관심 없다고 하시더니 지금은 동창회에 입고 갈 옷에 대해 고민하시니 말입니다. 사람들에게 좋은 인상을 주지 못할까 봐 걱정하시나 봐요?

해설 ①번은 내담자에 대한 걱정하는 감정은 반영되어 있지만 문제가 되는 행동을 직면하지는 못했다. 그런 행동을 묵인하면 내담자는 자기 행동의 문제점을 인식하지 못하고 계속하게 될 것이다. ②번은 표피적인 고민거리만을 해결해 줄 뿐, 내담자의 근본적인 문제의 해결을 돕지는 못한다. ③번은 내담자의 말에 담긴 구체적인 모순점을 가설적이고 비심판적으로 표현한 직면이다.

모범 답 ③

2. 최근 평수가 넓은 아파트로 이사를 하고 경제적 어려움에 처해 있다고 호소하는 40대 남성이다.

> 나의 모든 재정적 어려움은 아버지 탓이에요. 결혼해서 분가할 때 아버지가 제게 아무것도 해 주시지 않았거든요.

① 아버지 때문에 경제적으로 어렵지만 그래도 더 넓은 아파트로 이사를 가야 할 특별한 사정이 있었나요? 혹시 자신이 처한 경제적 상황에 대해 현실적으로 생각하면 괴로워서 피하시는 건 아닌가요?
② 그런 식으로 과한 투자를 하고 다른 사람을 원망하는 것은 단지 자신을 속이고 있는 것일 뿐입니다.
③ 결혼할 때 부모의 뒷받침은 아주 중요하죠. 왜 보조를 안 해 주셨는지 좀 알 수 있을까요?

해설 ①번은 행동과 말 사이의 모순점에 주의를 기울이게 함으로써 내담자가 회피하는 상황을 생각해 볼 수 있게 만드는 직면이다. ②번은 상담자의 느낌과 판단을 말한 것이지 직면은 아니며, 이와 같은 직설적인 반응은 오히려 내담자의 방어를 높이기 십상이다. ③번은 초점을 흐리게 함으로써 내담자가 자신의 중요한 문제를 회피하게 할 수 있다.

모범 답 ①

3. 2년 전 퇴직한 이후로 소외감과 열등감이 큰 50대 중반의 독신 여성이다.

> 아파트 대출금을 갚으려면 돈이 많이 필요해요. 2주 후면 연금이 나오는데 그 돈으로는 일단 가전제품을 바꿀 계획이거든요.

① 이미 가전제품이 있는데 왜 또 다른 것을 사려고 하지요?
② 그 돈은 우선 대출금 갚는 데 써야 되는 것 아닌가요?
③ 아파트 대출금 갚을 일이 걱정이기도 하지만, 다른 한편으로는 필요한 가전제품도 구입하지 않을 수 없나 보군요.

해설 ① 사소한 문제에 대한 직면이다. 전반적 문제에 관심을 돌릴 수 있게 만드는 직면이어야 한다. ②번은 내담자를 비난하는 듯한 느낌 때문에 내담자의 마음을 열게 만들기보다는 방어적으로 만들 수 있다. ③번은 비심판적인 태도로 직면시킴으로써 내담자가 자신의 현재 행동과 변화 가능성에 대해 스스로 생각해 보게 한다.

모범 답 ③

4. 내년에 초등학교에 입학할 아들과 두 살짜리 쌍둥이 자매를 둔 여성이다. 자녀양육과 가사에 많이 지쳐 있다.

> 저는 내년에 대학원에 꼭 진학하고 싶어요. 남편과 시댁 그리고 친정에서도 반대하지만 저는 학업적 성취도 이루고 싶고 사람들도 만나고 싶어요. 정말 진학하고 싶어요.

① 좋은 결심이네요. 방법을 찾아보면 가능할 거예요. 당신 자신에게 큰 발전이 있을 것 같아요.

② 당신이 하고 싶은 일을 하는 데 필요한 조건과 현재 당신의 처지에는 거리가 있는 것 같아요. 현재 상황에 맞는 자기계발이나 취미 활동을 찾아보는 게 힘드신가 봐요.

③ 현재 당신의 처지에서 대학원 진학을 꿈꾸어서는 안 되죠.

해설 ① 상황에 맞지 않는 진로 선택을 직면하지 않으면 내담자의 행동은 강화된다. 직면을 하면 고통스러워하겠지만 직면을 하지 않으면 계속 현실에 맞지 않는 선택을 하고자 할 것이다. ② 내담자가 선택하고자 하는 진로에 필요한 조건과 내담자의 현재 상황 사이의 불일치를 지적함으로써 내담자는 자신이 회피해 왔거나 알아차리지 못했던 문제에 주의를 기울이게 될 것이다. ③번은 매우 냉정하고 직설적인 직면이다. 직면을 받으면 누구나 위기감을 느끼게 되므로 모욕적이거나 비판적인 직면은 삼가야 한다.

모범 답 ②

5. 전공학과 성적이 우수한 여학생이다.

> 저는 그냥 제 자신이 너무 부족하게 느껴져요. 그런 제 자신이 너무 싫어요.

① 정말 잘못 생각하고 있어요. 현재 성적이 아주 우수하잖아요. 그 정도 성적이라면 친구나 교수님들도 칭찬하거나 부러워했을 텐데요.

② 부족하다는데, 나는 아주 잘하고 있다고 보거든요. 어떻게 이런 차이가 있는지 좀 설명해 볼 수 있을까요?

③ 대체로 사람들은 자신이 부족하게 느껴지는 법이지요. 하지만 우리는 누구나 평범한 인간이지 신이 아니지요.

해설 ①번은 이미 주변에서 많이 들어 본 말일 것이므로 상담자가 같은 말을 다시 해 주는 것은 내담자의 변화에 별로 도움이 되지 않을 것이다. ②번은 내담자가 보는 것과 상담자가 보는 것 사이의 차이점에 주의를 집중시키면서 그것에 대해 생각해 보게 만들고 있다. ③번은 내담자의 고민을 대수롭지 않게 여겼기 때문에 내담자는 자기 인식에 대한 문제를 생각해 보기 어려울 것이다.

모범 답 ②

6. 2년 전 약혼을 했으나 결혼이 차일피일 미뤄지고 있는 여성으로 불안감과 불면증을 호소하며 상담을 받고 있다.

> (직전에 약혼자가 자신을 무척 사랑한다고 말했다.) 이번 달에도 제 약혼자를 거의 만나지 못하고 있어요. 그래도 전 사랑받고 있으니까 행복한 여자라고 생각해요. 전 정말 운이 좋아요.

① 행복하다고 느끼시는군요.
② 제 생각에는 약혼자를 한 달에 한 번 만나기도 어렵다면 행복하지는 않을 것 같은데요.
③ 행복하다고 하시지만, 약혼자를 한 달에 한 번도 만날 수 없는 상황이 별로 달갑진 않으신 것 같네요.

해설 ①번은 실제 상황과 내담자의 말 사이의 간격을 직면시키지 않았다. ②번은 직설적이어서 내담자의 방어를 높일 수 있는 직면이다. ③번은 내담자의 행복감과 약혼자를 못 만나는 현재 상황 사이의 불일치를 직면시키고 있다.

모범 답 ③

7. 자신감 저하와 무기력감을 호소하는 30대의 기혼 여성이다.

> (고개를 숙인 채 낮고 무기력한 목소리로 말한다.) 전 진짜 아주 행복하거든요. 생각해 보면 모든 게 잘되어 가고 있는데 굳이 여기에 올 필요도 없는 것 같아요.

① 말로는 행복하다고 하는데, 표정과 어조는 그렇지 않네요.

② 모든 게 매우 잘되어 간다니 다행이네요. 이런 상황에서 그렇게 받아들이기 힘든데 말이죠.

③ 난 믿을 수가 없어요. 그런 무기력한 모습이면서 어떻게 행복하다는 말을 할 수가 있지요?

해설 ①번은 하는 말과 표현 방식 사이의 불일치를 직면해 주었기에 내담자는 그런 모순을 직면하고 살펴볼 수 있게 될 것이다. ②번은 내담자가 회피하고 있는 주요 문제를 간과하였다. ③번은 너무 냉정하여 내담자의 방어를 높일 수 있다.

모범 답 ①

8. 상습적인 과음 습관을 고치려고 노력 중인 50대 남성이다.

> 술만큼 기분 좋게 해 주고 사회생활에 도움되는 게 없는데 왜 마시면 안 되는지 모르겠어요. 남자라면 모두 다 마시잖아요.

① 건강을 위해 과음 습관을 고치는 게 중요하다는 걸 명심하셔야지요.

② 당신은 과음 습관을 고치기를 원하면서도, 자신의 술 마시는 행동에 대해 합리화를 하고 있는 것 같군요.

③ 과음 습관에 대해 바꿔 볼 생각이 없는 것 같군요.

해설 ①번은 내담자가 핑계를 대어 자기 행동을 방어하고 있으므로 이 충고를 받아들일 가능성이 거의 없다. ②번은 내담자가 자기 행동에 주의를 기울이고 살펴볼 수 있게 해 주는 직면이다. ③번은 판단하는 어투로 내담자를 방어적으로 만든다.

모범 답 ②

9. 학점 관리로 인한 심한 스트레스를 호소하는 대학교 3학년 여학생이다.

> 저는 이번 기말고사에서는 꼭 진희를 이기고 우리 학과에서 일등을 하고 싶었어요. 그런데 또 진희가 일등을 해서 속상해요. 그래도 진희가 원래부터 잘했으니 뭐 괜찮아요.

① 진희 씨가 원래부터 당신보다 공부를 잘하는군요.

② 진희 씨가 원래부터 잘하기는 하지만 그래도 이번에는 당신이 꼭 일등을 하고 싶었군요.

③ 당신이 일등하고 싶다면서 진희 씨가 일등해도 괜찮다니 그게 무슨 말인가요?

해설 ①번은 상담자가 내담자에게서 발견되는 모순을 모두 수동적으로 받아들임으로써 단순히 무시해 버리고 있다. ②번은 내담자의 행동에서 나타나는 모순을 무시하지는 않으나, 모순의 방향을 지적하지도 않는다. ③번은 언어 및 행동 표현에 있어서의 내담자의 모순에 직접적이고 명확하게 주의를 기울임으로써 내담자가 자신의 모순된 행동을 스스로 명확하게 알도록 한다.

모범 답 ③

10. 성적이 많이 떨어져 담임교사와 상담 중인 고등학교 3학년 남학생이다.

> 저는 성적이 떨어져도 걱정 안 해요.

① 성적이 떨어졌는데 걱정이 안 된다니 이상하게 들리는구나.

② 성적이 중요한 것은 아니지.

③ 성적 따위는 아무래도 괜찮다는 말이니?

해설 ①번은 상담자가 내담자의 모순된 행동에 대해 민감하게 지각하여 모순을 지적, 이해시키는 경우다. ②번은 내담자의 모순된 행동을 완전히 무시하고 있다. ③번은 내담자의 모순된 행동을 분명히 인식하지도 못하고, 그나마 인식하는 부분에 관해서도 언급하지 않고 단순히 넘어가는 경우다.

모범 답 ①

연습문제 III

● **(1~10) 아래에 제시된 각 내담자의 상황이나 반응에 대해 상담자로서 적합한 직면 반응을 해 보시오.**

1. 30대 후반의 미혼 여성이자 10년 차 경력 사원인 지혜 씨는 회사로부터 그 능력과 성실성을 인정받고 있는 유능한 사원이다. 지혜 씨는 두 달 전부터 한 팀원으로 일하게 된 파트너만 생각하면 가슴이 답답하고 소화가 안 되며 이전에 비해 매사에 의욕이 떨어지고 불면증까지 생겨 상담을 받고 있다. 그녀의 말에 따르면, 30대 초반의 기혼 여성인 파트너는 자신이 맡은 일을 제대로 처리하지 못해 팀의 업무 수행에 상당한 피해를 주고 있으면서도 다른 동료들에게 다정하게 굴면서 동정을 구하는 요령을 부린다. 오늘도 지혜 씨는 파트너에 대해 분통을 터뜨리는 중이다.

내담자: 그런데 전 그녀 앞에서는 화가 나면 오히려 마음이 착 가라앉아요.

직면 반응:

해설 타인의 인정에 의존적인 내담자로서 주변 사람들이 자신을 어떻게 평하는가에 몹시 민감하고 그에 따라 자신의 생각과 감정 및 행동을 통제하는 경향이 강하다. 무능하면서 요령까지 부리는 직장 동료에 대해 당연히 일어나는 비난하는 감정과 행동들을 통제함으로써 일련의 신체화 증상이 일어난 것이므로 부정적 감정을 통제하는 자신의 내면세계를 직면하게 할 필요가 있다.

모범 답 방금 전 새 파트너 이야기를 하면서 그렇게 분통을 터뜨릴 만큼 화가 난다고 했는데도 막상 그녀 앞에서는 마음이 가라앉는다는 것은 이해하기 어렵군요. 상대방의 과오를 지적하거나 화를 내는 게 힘든가 봐요?

2. 진주 씨는 두 살 때 동생이 태어나면서부터 할머니 집에서 지내다가 일곱 살이 되면서 다시 어머니에게 보내졌다. 진주 씨가 집에 돌아왔을 때는 이미 두 살짜리 여동생과 네 살짜리 남동생이 어머니의 품을 차지하고 있었다. 이후 진주 씨는 매우 내성적이긴 해도 주변 사람들과 잘 지내면서 별 탈 없이 학창시절을 보냈고, 지금은 입사 1년 차 사원으로서 매사에 성실하며 묵묵히 자신의 일에 임한다는 주변 사람들의 평을 듣고 있다. 하지만 진주 씨는 직장에서 일 외의 회식이나 야유회 등의 단체 활동이 있을 때마다 두렵고 부담스러워 자신의 대인관계 능력에 문제가 있다는 생각을 하고 상담을 받고 있다.

내담자: 1년간 사귀었던 애인으로부터 한 달 전에 헤어지자는 편지를 받았어요. 저는 그때 확실히 놀랐지만 괜찮았어요. 곧 나아졌어요.

직면 반응:

해설 어린 시절의 분리경험으로 인해 분리 및 유기 불안이 아직도 내담자의 사고와 감정 및 행동을 강력하게 지배할 수 있다. 내담자에게 헤어짐이란 죽음에 대한 공포의 감정과 맞먹는 고통일 수 있다. 그 결과 내담자는 항상 최소한의 관계 맺기를 함으로써 타인으로부터 버림받을 수 있는 상황 자체를 미연에 방지하는 패턴을 보여 왔을 것이다. 따라서 현재 내담자가 대인관계에서 지나칠 정도로 내성적이고 회사에서도 일 이외의 관계 맺기를 두려워하는 것은 자신을 지키기 위한 방어적 행위라고 볼 수 있다. 상담자는 상담 장면에서 나타나는 내담자의 비현실적 반응을 통해 그녀의 분리 불안감을 직면시킬 필요가 있다.

모범 답 1년간 사귀었던 사람으로부터 갑작스럽게 헤어지자는 통보를 받았을 때 많이 놀라고 마음 아팠겠어요. 그런데도 괜찮았고 곧 나아졌다고 하는 진주 씨 모습이 부자연스럽게 느껴져요. 혹시 누군가와 이별해야 할 때 그 슬픔을 인정할 수도 없을 만큼 지극히 고통스러운가요?

3. 대학 졸업 후 5년째 실직 상태인 지훈 씨는 위축감과 열등감이 크다. 어떤 일에 도전해야 할 상황에 부닥칠 때면 항상 자신은 잘할 수 없고 실패할 거라는 생각에 빠져 미리 포기해 버리곤 한다. 지훈 씨는 2남 1녀 중 둘째 아들인데, 두 살 터울의 형은 어릴 때부터 수재로 주변 사람들의 칭찬을 독차지했고, 여동생은 공부는 못했지만 성격이 활달하고 매사에 의욕적이다. 지훈 씨의 어머니는 이런 형제들에 비해 나약하고 위축된 지훈 씨를 항상 걱정하면서 해결사 노릇을 해 왔다. 지훈 씨가 취업 준비 과정에서 매번 면접 시험에 응시하지 않자 지훈 씨의 어머니가 상담을 받게 하였다. 지훈 씨는 지난주에는 자신이 원하는 일자리에 지원하겠다고 하였다.

내담자: 그 회사에 지원하지 않기로 결정했어요. 그것은 사실은 내가 원하는 일이 아니었어요. 내가 할 수 있는 일이 아니에요.

직면 반응:

해설 기질적으로 유약한 특성을 가진 내담자는 능력이 특출난 형과 의욕적인 여동생 사이에서 상당한 위축감을 느끼며 자랐다. 게다가 적극적이면서 자식을 과잉보호하여 양육하는 경향이 있는 어머니가 내담자의 문제에 사사건건 개입하여 해결해 줌으로써 내담자는 스스로 문제를 해결할 수 있는 기회를 박탈당하게 되었고, 이로 인해 내담자의 열등감은 더욱 깊어졌을 것이다. 따라서 현재 취업을 준비하는 상황에서 내담자가 보이는 회피적인 모습을 통해 내담자가 가진 근원적 열등의식을 직면시켜 줄 필요가 있다.

모범 답 지난주와는 아주 다르군요. 내가 보기에 지훈 씨는 자신에게 '나는 그 일을 좋아하지만 내가 그 일을 해 낼 수 있지는 않아. 내가 지원하면 반드시 실패하고 말 거야' 라고 말하는 것 같아요. 혹시 그런 면이 있나요?

4. 민경 씨는 오빠 한 명에 나이 차이가 많이 나는 언니가 두 명인 집안에서 늦둥이 막내딸로 자란 30대 후반의 기혼 여성이다. 그녀는 1남 1녀의 어머니이지만 아직도 힘든 일이 있을 때마다 자신의 문제를 언니들에게 호소하여 도움을 받고 있다. 대학 시절 캠퍼스 커플로 만나 결혼한 남편과는 결혼 10년 차부터 관계가 나빠지면서 남편이 외도까지 하자 민경 씨가 1년 전에 자살을 시도하였고, 언니 오빠들이 이혼을 권유하여 3개월 전에 이혼을 한 상태다. 몇 차례 상담실에 같이 온 언니들은 민경 씨가 너무 여리고 세상 물정을 모르는 아기 같은 사람이니 잘 보살펴 달라고 신신당부했다. 상담자가 보기에 민경 씨는 스스로 자신을 나약하게 보임으로써 언니들에게 동정심을 유발하여 자신을 돕게 만드는 연막전술을 쓰고 있다.

내담자: 지난 한 달 동안 상담을 받으면서 저 자신이 많이 변한 것 같아요. 저는 상담 시간을 통해 선생님으로부터 정말 큰 도움을 받아요. 이렇게 강한 분과 함께 있으니 매우 든든하고 마음이 편안합니다.

직면 반응:

해설 어린 시절부터 주변의 힘 있는 사람들에 둘러싸여 그들의 보호를 받는 데 익숙한 내담자는 스스로 판단하고 결정 내리는 데 대해 매우 두려움이 크다. 내담자는 문제 상황이 일어나면 항상 언니들의 도움을 요청했고, 언니들도 그런 내담자를 여전히 어린아이처럼 생각하여 안쓰럽고 애처롭게 여겨 도와주곤 했다. 내담자의 남편은 결혼 후에도 아내나 어머니로서의 역할에 충실하기보다는 여전히 어린아이처럼 행동하는 내담자와 처형들의 간섭에 불만을 갖기 시작했다. 하지만 남편과의 관계가 점점 나빠지는데도 내담자의 의존적 태도는 달라지지 않았고, 결국 이혼에까지 이른 것으로 보인다. 따라서 내담자의 의존적 태도를 다루어 줄 필요가 있으며, 상담자에 대한 의존 욕구를 보이는 이 장면에서 직면시키는 것이 적절하다.

모범 답 제가 도움이 되었다니 고맙습니다. 하지만 저의 도움보다는 민경 씨 자신이 달라지고자 하는 의지를 가졌기 때문에 일어난 변화이지요. 혹시 자신의 선택에 대해 책임지는 것이 두려워 언니들이 개입하게 만드는 것은 아닌가요?

5. 정욱 씨는 대학 졸업 후 5년째 직장을 구하고 있는 20대 후반의 청년으로 자신의 진로 계획에 대해 매번 반대해 온 부모와의 갈등으로 상담을 신청하였다. 면담에서 정욱 씨는 자신은 보수보다는 창의적인 일을 즐거운 분위기에서 할 수 있는 직업을 갖기를 원하지만 그의 부모는 그의 의사를 무시하고 보수도 많고 신분이 안정적인 직장만을 강요해서 지금까지 취업을 못 하고 있다고 하였다. 지난주 상담 시간에 정욱 씨는 부모의 간섭에서 벗어나 자신이 원하는 삶을 살고 싶다고 호소하였다.

내담자: (무기력한 태도로) 지금까지 제가 열심히 해 봤자 크게 달라진 게 없는 것 같아요. 이제는 차라리 부모님이 시키시는 대로 아무 생각 없이 따르는 게 편할 것 같아요. 그럼 가족관계도 원만해지니까요.

직면 반응:

해설 자기주장이 강하고 직설적인 부모 슬하에서 비난과 부정적 평가가 두려워 자신의 의사표현을 통제해 왔던 내담자는 성인으로서의 자신의 진로 설정에 대해서도 여전히 과도하게 개입하려고 하는 부모에게 반감을 느끼고 부모와의 의존적 관계에서 벗어나기를 원하여 상담을 받고 있다. 따라서 부모와의 갈등이 두려워 자신을 비하하고 순응하려는 내담자의 지금 여기의 모습을 내담자의 주호소 문제와 관련지어 그 불일치점을 직면시킬 필요가 있다.

모범 답 부모님의 반대로 힘들다고 하더니 지금은 부모님의 뜻을 따르는 게 더 편하다고 하는군요. 자신의 의사대로 진로를 결정했을 경우 정욱 씨가 져야 할 책임을 피하고 싶은가요?

6. 성훈 씨는 어린 시절 힘이 세고 거친 형에게 잦은 구타를 당해서 지금도 형이 너무나 싫지만 아직도 형의 요구라면 거절하지 못하고 주눅 드는 자신에 대해 화가 난다며 상담을 받고 있는 남성이다. 최근 직장 회식 자리에서 여직원들에게 거칠고 짓궂은 언행을 하여 직장 내 성희롱 가해자로 오해를 받은 데 대해 억울함을 호소하고 있다.

내담자: 저는 단지 멋지게 보여서 동료들과 더 친해지고 인정받고 싶었어요.

직면 반응:

해설 형에게 맞고 자라면서 내담자의 내면에는 힘이 세고 거친 존재가 우월한 존재이고 상대적으로 힘이 없는 존재는 열등한 존재라는 도식이 자리 잡은 것으로 보인다. 이러한 내담자의 무기력한 자신에 대한 열등감이 약자 앞에서 거친 남성의 모습(형의 모습)으로 행동하게끔 만들고 있으므로 이에 대한 직면이 필요하다.

모범 답 형이 난폭하게 대할 때 너무 싫었다고 말한 성훈 씨가 여성 동료들에게 멋있게 보이고 싶어서 난폭하게 행동했다는 게 이상하네요. 혹시 형처럼 행동해야만 남자답다고 생각하고 있나요?

7. 대인관계의 어려움을 호소하며 내방한 여대생 화영 씨는 종종 자기 주변 사람들의 기분을 상하게 하는 말과 행동을 하여 그들을 당황하게 만들곤 한다. 그리고 그런 행동에 대해 상대방이 유감을 표현하면 오히려 그들에게 화를 내거나 원망하곤 한다.

내담자: 선생님은 유료 상담자이면서도 저에게 무관심하니까 상담자로서 자격이 부족하다고 생각돼요.

직면 반응:

해설 주변 사람들에게 관심과 애정을 받기 위해 공격적인 언행을 하여 그들을 자극하는 내담자의 부적응적인 관계 방식에 대한 직면이 필요하다.

모범 답 화영 씨의 말이 나를 당황스럽고 섭섭하게 하네요. 나의 이런 감정이 화영 씨에게 어떤 도움이 될까요?

8. 학교의 정해진 규칙에 대해 한 학생이 상담교사에게 불평하고 있다.

> **내담자:** 저는 한 사람의 개성 있는 인간으로서의 삶을 살고 싶은데 이렇게 엄격한 규칙에 얽매어 살아야 한다는 게 너무 답답합니다. 우리의 자유를 빼앗아 가는 이런 교칙은 다 없애야 한다고 생각합니다.

직면 반응:

해설 왜곡되고 편협한 인식세계를 직면시켜 인식의 폭을 넓혀 줌으로써 사회적 규범 준수에 대한 어려움을 감소시킬 수 있다.

모범 답 교칙이 반드시 너희의 자유를 구속하기 위해서만 만들어진 것일까?

9. 대학 졸업 후 갓 입사한 신입사원으로, 직설적이고 비판적인 언행으로 인해 대인관계에 어려움을 겪고 있는 남성이다.

> **내담자:** 회사 사람들이 저처럼 솔직하게 말하는 사람을 흉보고 못 괴롭혀서 난리예요.

직면 반응:

해설 현실 검증을 통해 내담자가 자신의 입장에서만 어떤 상황을 볼 것이 아니라 제 3자의 입장에서 객관적으로 보도록 직면시킬 필요가 있다.

모범 답 그렇게 생각할 만한 근거가 무엇이지요? 혹시 그 말이 사실이라기보다는 당신의 추측인 것은 아닐까요?

10. 이성 교제의 어려움을 호소하며 상담을 받고 있는 30대 중반의 여성이다.

> **내담자:** 저도 남자친구를 사귀어 보려고 노력을 하지만 제대로 되지 않아요. 이제는 '결혼을 해도 별로 달라지지 않을 거다. 원래 사람들은 모두 외로운 존재다. 그러니 나는 남자친구가 필요 없다'고 생각을 해 버리게 됩니다.

직면 반응:

해설 이성 교제를 갈망하고 있으나 현실적으로 이러한 욕구가 채워지지 않자 이에 대한 대처로 자신을 더욱 고립시키는 방법을 선택하고 있다. 이에 대한 직면을 통해 건강한 대응 방안을 찾을 수 있도록 도울 필요가 있다.

모범 답 남자친구를 사귀고 싶지만 마음대로 안 되니까 남자친구가 필요 없고 결혼도 별 의미 없는 것이라고 합리화를 해 버리는 것 같아요.

실습훈련

● **다음과 같이 직면 반응을 실습해 본다.**

진행 방법

3명이 한 조가 되어 내담자, 상담자 및 관찰자 역할을 번갈아 가며 맡는다. 이때 상담자는 내담자가 드러내고 싶지 않은 이야기에 대한 권리를 항상 가지고 있다는 것을 기억하고 있어야 하며, 내담자는 적어도 어느 정도는 개방할 계획을 해야 한다. 가능하면 각각의 짧은 상담을 녹음하거나 녹화한 뒤 토론을 한다.

• 상담자 역할

직면 기법과 직면을 완결시키는 데 필요한 상담 반응을 연습해 본다.

• 내담자 역할

내담자는 자신이 충격 또는 혼란을 느끼는 무엇인가에 대해 이야기해 보거나 모순적인 이야기가 담긴 친구 및 가족의 이야기를 해 본다. 혹은 다음 역할 중 하나를 선택하여 연기해 본다.

〈역할 활동을 위한 사례〉

사례 1: 스스로를 재치 있고 명랑한 분위기를 만드는 사람이라고 생각하는 남성이다. 하지만 그의 주변 사람들은 그가 짓궂고 과격하다고 생각한다.

사례 2: 자신의 남편과 가족을 사랑한다고 말하는 여성이다. 그러나 그녀는 항상 새로운 파트너와의 연애를 꿈꾸고 수시로 집을 비우며 장기간 혼자서 해외여행을 떠나곤 한다.

사례 3: 아들이 집을 떠나 독립하게 된 후로 우울하고 무기력하다고 말하면서도 아들의 삶에 대해서는 상관없다며 화를 내는 여성이다.

사례 4: 직장에서나 가정에서나 능력을 인정받고 존중받고 있으나 항상 주변 사람들의 평가에 예민하고 의심스러워하는 사람으로, 최근 직장에서 사소한 실수를 한 후로 스트레스와 불안이 심해 잠을 못 이루고 있다.

• 관찰자 역할

녹음 · 녹화 장비를 작동시키면서 연습상담을 관찰하여 직면 반응 실습 관찰지를 작성하고, 관찰 내용을 메모한다.

상담 후 토론

모든 참여자는 녹음 · 녹화된 상담 장면과 직면 반응 실습 관찰지를 활용하여 각 상담이 어떻게 진행되었는지, 어떤 직면이 가장 유용했고 그 이유는 무엇인지, 어떤 어려움이 있었는지, 그리고 개선 방안은 무엇인지에 대해 토론한다.

직면 반응 실습 관찰지

소속: 이름:

• 관찰자는 상담실습 장면을 관찰하여 아래의 점검표를 작성하고 물음에 답하시오.

1. 다음 영역에 대한 상담자의 반응 점수에 ∨표를 하시오.
(점수가 높을수록 효과적임을 의미한다.)

상담자 반응	1	2	3	4	5
직면반응의 적절성					
공감, 반영, 질문 등 다른 상담 반응					
비언어적 반응의 적절성					

2. 어떤 직면이 가장 유용했고, 그 이유는 무엇인지 적어 보시오.

3. 상담자 반응 중에서 보완할 점을 적어 보시오.

해 석

6

사람은 오로지 가슴으로만 볼 수 있다.
본질적인 것은 눈에 보이지 않는다.

– Antoine de Saint Exupéry –

학습목표

1. 해석의 개념과 사용 목적에 대해 설명할 수 있다.
2. 해석의 유형과 사용 방법 및 유의점에 대해 이해할 수 있다.
3. 내담자의 말 속에 담긴 다른 의미를 파악할 수 있다.
4. 내담자에게 다른 관점을 제공하는 해석 기술을 실제 상담에서 적용할 수 있다.

해석이란 내담자가 명확하게 의식하지 못하는 것을 일깨워 주는 상담자의 설명이다(Hill, 2012). 또한 해석은 상담자가 내담자의 말 속에 담긴 숨은 의미를 파악하여 이를 다른 관점으로 제시함으로써 내담자가 자신의 사건, 행동, 감정, 태도 및 생각에 대해 달리 생각해 볼 수 있게 하는 적극적 상담기술이다(Evans et al., 2000). Freud(1900)는 이러한 해석을 치료적 작업의 핵심이라고 보았다. 따라서 해석은 상담자가 내담자에게 현재의 행동, 감정 및 사고의 이유를 설명하고 그 근원을 통찰하게 하며 새로운 관점을 제공함으로써 내담자의 자기이해와 문제해결을 돕는 핵심적 상담기법이라고 할 수 있다.

해석은 내담자의 말 속에 담긴 새로운 의미를 내담자에게 설명해 주는 상담기법이다.

내담자는 자신이 당면한 문제의 해결에 대한 열망은 높으나 그것을 문제의 근본적인 원인과 연관 지어 이해하지 못함으로써 문제가 반복되거나 악순환되는 고통을 겪는 경우가 많다. 이와 같은 내담자에게 상담자가 현재의 증상이나 감정, 사고, 행동 및 관계 패턴을 명료하게 설명해 주고, 이를 과거의 중요한 경험과 의미 있게 연결시켜 주는 해석은 내담자가 현재 자기 경험이나 반응에 대해 보다 심층적으로 이해하고 자신의 문제에 대해 새로운 관점을 가질 수 있게 해 준다. Weiss 등(1993)은 시기적절한 해석이 잘 전달되면 내담자는 다음과 같은 효과를 거둘 수 있다고 하였다. 첫째, 해석을 통해 내담자는 자신의 욕구, 갈등, 대처 방식, 방어 등이 다양한 상황이나 환경에서 나타나는 방식임을 인식하여 더 나은 자기이해에 이르게 되고 긍정적으로 보는 것을 배우게 되며 자신의 현재 반응이나 경험을 수용할 수 있게 된다. 둘째, 해석이 절박한 문제에 답을 줌으로써 내담자는 자기 자신이나 자신의 반응에 대해 불안과 수치심을 덜 느끼고 병리적 신념에서 벗어나게 된다. 셋째, 내담자

해석은 내담자의 자기이해와 수용을 도와 부정적 자아상이나 비현실적 사고방식 등에서 비롯된 부적응적 증상을 해결하는 데 도움을 준다.

는 해석을 통해 자신의 반응이 발달한 방식을 이해하고, 이런 반응에 대한 변화 가능성과 통제감을 경험하여 무력감을 덜 느낄 수 있게 된다. 즉, 해석은 상담자가 내담자의 무의식적인 부분까지 이해하여 의미를 파악하고 설명해 줌으로써 내담자의 이해를 도와 부정적 자아상이나 비현실적 사고방식 등에서 비롯된 부적응적 증상을 해결하는 데 도움을 줄 수 있다.

해석은 상담자와 내담자 간의 충분한 라포가 형성되고, 상담자가 내담자에 대해 포괄적이고 심층적으로 이해할 수 있을 때 신중하게 실시되어야 한다.

하지만 해석을 자칫 잘못 사용하면 내담자가 해석을 위협으로 느껴 상담자와 내담자 간의 치료적 관계가 오히려 손상될 수도 있다. 이런 점에서 해석은 전문성이 가장 많이 요구되는 상담기법이라 할 수 있다. 따라서 해석을 할 때는 상담자와 내담자 간의 끈끈한 신뢰관계는 물론이고 상담자는 내담자에 대한 충분한 탐색 작업을 통해 내담자의 내면세계를 이해하고 있어야 하며, 해석이 내담자에게 긍정적인 동기를 유발할 수 있도록 내담자가 준비되어 있는지에 대한 상담자의 판단력과 확신이 전제되어야 한다.

1. 해석의 유형

Hill(2012)은 해석이 분리되어 있는 것처럼 보이는 진술이나 사건을 연결하고, 내담자의 행동 · 사고 · 감정의 주제와 패턴을 지적하며, 방어 · 저항 · 전이를 설명하고, 행동 · 감정 · 사고 · 문제를 이해하기 위한 새로운 틀을 제공한다고 하였다. 이러한 해석의 역할을 기준으로 상담자의 해석 유형을 다섯 가지로 구분하여 구체적 예와 함께 제시하면 〈표 6-1〉과 같다.

〈표 6-1〉 해석의 유형별 예시

해석의 유형	예시
서로 분리된 진술 · 문제 · 사건 간의 연결을 형성하는 해석	내담자: 어제 오랜만에 고교 동창생 모임에 나갔는데 다들 행복해 보였어요. 나만 기분이 처져 있는 것 같아서 이야기에 끼어들지도 못하고 불편하게 앉아 있다 왔어요. 다들 나한테는 관심이 없는 것 같았어요. 상담자: 어제의 모임에서 느꼈던 감정과 평소에 학과 친구들과의 관계에서 느끼는 감정이 서로 관련되나요?
내담자의 행동 및 감정에서 드러나는 주제나 패턴을 지적하는 해석	내담자: 일거리가 너무 많아요. 해도 해도 끝이 없어요. 몸과 마음이 너무 지쳤어요. 하지만 사람들이 부탁하는 것을 못하게 되거나 거절하면 나 자신이 불성실하고 매정한 사람인 것 같이 느껴요. 그리고 거절하는 것에 대해 생각하기만 해도 벌써 가슴이 두근거리고 우울해져요. 상담자: 당신이 열심히 하지 않거나 좋은 성과를 거두지 못하면 다른 사람들이 당신을 좋아하지 않을까 봐 두려워하는 건 아닌가요?
방어 · 저항 · 전이의 해석	내담자: 선생님은 저를 별로 안 좋아하시는 것 같아요. 조금 전에 상담실에서 나간 학생에게는 방긋 웃으셨는데 저를 보고는 웃지 않으셨어요. 상담자: 아, 난 상담이 바로 이어져서 너에 대한 지난 시간의 기록물을 읽고 있었어. 혹시 네가 그렇게 느끼는 것은 네 어머니에 대한 감정 때문은 아닐까?
현재의 사건이나 경험 · 느낌을 과거와 관련시키는 해석	내담자: 저도 취업 준비를 해야 하는데 전공학과 성적 관리도 안 하고 자격증 준비도 안 하고 있어요. 다른 친구들은 어학연수를 갔다 오기도 하고, 휴학을 하고 공무원 시험 준비를 하기도 하며, 하다 못해 어학원이라도 다니는데 저는 아무것도 시작하기 싫어요. 상담자: 중학교 때 아버지의 사업 실패로 집안 사정이 어려워지면서 학원을 못 다니게 되었고 그러면서 성적이 급격히 떨어지게 되었다고 했는데, 그 일과 관련이 있을까요?
감정 · 행동 · 문제에 대한 새로운 틀을 제공하는 해석	내담자: 저는 남편이 저랑 많은 시간을 함께하려고 하는 게 너무 부담스럽고 성가셔요. 각자의 작업 공간에서 독립적으로 지낼 때 가장 편해요. 남편이 제 자유로운 시간과 공간에 침범하지 않았으면 좋겠어요. 상담자: 당신은 남편과 같이 있는 것이 너무 싫다고 하지만, 어린 시절 아버지가 떠나버렸듯이 언젠가는 남편이 당신 곁을 떠날지도 모른다는 두려움 때문에 당신이 미리 남편을 멀리하는 것은 아닌가 생각되네요.

2. 해석의 실시 과정

해석은 상담자가 내담자의 언어적 · 비언어적 표현을 단서로 하여 내담자를 이해하고 내담자와 함께 생각을 모으는 작업 활동이다(Hill, 2012). 해석의 실시 과정은 다음의 여섯 단계로 정리할 수 있다.

해석을 위한 토대 마련하기 해석이 원활하게 이루어지기 위해서는 우선 상담자와 내담자 간에 우호적인 관계가 맺어져 있어야 한다. 그리고 내담자의 문제해결에 대한 의지, 자존심, 해석 활용 능력, 정서적 요인 등 내담자의 특성이 충분히 고려되어야 한다.

해석을 위한 명료화 질문하기 상담자는 명료화 질문을 함으로써 내담자에 대한 풍부하고 정확한 정보를 확보한다. 명료화 질문은 내담자의 정보가 정확한지 확인하고, 내담자가 자신에 대해 생각하도록 격려하며, 내담자가 해석을 받아들일 준비가 되어 있는지 상담자가 알아보는 데 유용하다.

경청을 통해 해석을 위한 단서 모으기 내담자가 말하다 그만둔 것이나 혼란스러운 방식으로 이야기하는 것 혹은 함축적으로 이야기하는 것에 주의를 기울여 관찰하고 경청함으로써 적당한 해석으로 발전시킬 수 있다.

해석 제공하기 상담자와 내담자 간의 신뢰관계를 토대로 질문을 통해 파악된 단서를 활용하여 해석을 제공한다. 이때 내담자의 인식 수준에 근접한 해석을 제공하여야 한다. 또한 상담자가 일방적으로 내담자에게 올바른 해석을 하기보다는 내담자와 협력하여 해석을 제공하도록 해야 한다.

내담자의 해석 부인에 대처하기 보통 해석은 내담자가 받아들일 수 있을 때까지 여러 번 다른 방식으로 되풀이하여 전달한다. 그러나 내담자가 해석을 받아들이지 않거나 부정적으로 반응할 때 상담자는 일단 물러서서 그 해석이 정확했는지 검토해 봐야 한다. 해석이 옳을 경우 다시 그 해석을 해 줄 기회를 기다리는 게 좋다. 만약 틀렸다면 상담자는 내담자를 더 잘 이해하기 위한 탐색 작업에 들어가야 한다.

해석 확장하기 상담자는 내담자가 자기 자신에 대해 더 깊이 이해할 수 있도록 내담자에 대한 해석을 다양한 상황으로 확장하여 적용한다. 예를 들면, 어린 시절 자신을 무관심하게 방치한 부모에 대한 반동 형성으로 인정 욕구에 과잉 집착하는 내담자에게 상담자는 내담자가 대인관계에서 지나치게 눈치를 보는 것, 학업이나 성취 부분에서 자신의 실수를 용납하지 못하는 것, 자신에 대해 부정적인 반응을 보이는 타인에게 극단적인 적대감을 갖는 것, 사소한 일로 비관에 빠지는 것 등 다양한 부분으로까지 통찰을 확장시킬 수 있다.

이와 같이 해석을 실시할 때는 해석을 위한 토대 마련하기, 명료화 질문하기, 단서 모으기, 해석 제공하기, 해석 부인에 대처하기, 해석 확장하기의 여섯 단계를 밟아 진행하는 것이 효과적이다.

3. 해석의 유의점

해석은 내담자의 행동과 사고, 감정에 새로운 의미나 원인, 설명을 제공해 줌으로써 내담자가 새로운 방법으로 문제를 볼 수 있도록 이끌어 주는 유용한 상담기법이다. 하지만 해석이 준비 없이 갑작스럽게 이루어지거나 내담자의 욕구 혹은 상황에 대한 고려 없이 이루어지면, 내담자는 자신의 경험과 동떨어진 것으로 느끼고 방어를 할 수 있으며 오히려 치료동맹에 손상을 끼칠 수도 있다. 따라서 상담자는 해석을 제공할 때 매우 신중해야 한다. 해석 사용 시의 유의점은 다음과 같다.

해석은 상담자와 내담자 간에 신뢰가 기반된 치료적 관계가 형성되었을 때 실시해야 한다.

첫째, 해석은 상담자와 내담자 간에 안정적이고 신뢰가 깃든 치료 관계가 형성되었을 때 이루어져야 한다. 내담자가 상담자로부터 자신이 충분히 이해받고 있다는 확신을 할 수 없을 때 이루어지는 해석은 내담자로 하여금 방어적인 태도를 취하게 하고 라포를 손상시킬 수 있다.

해석은 상담의 중기나 종결 단계에서 실시되는 것이 효과적이다.

둘째, 해석은 내담자의 자기이해나 통찰이 어느 정도 이루어진 후 상담의 중기나 종결 단계에서 실시되는 것이 효과적이다. 내담자가 자신을 이해하지 못하는 상태에서 이루어지는 해석은 내담자로 하여금 자신의 현재 감정, 사고, 이해 등과 일치하지 않는 것으로 인식하게 하여 당황하게 하고 수용하기 어렵게 할 수 있다.

해석은 실제적 근거를 토대로 하여 내담자의 전체에 대해 이루어져야 한다.

셋째, 해석은 실증적 근거를 토대로 하여 내담자의 전체에 대해 이루어져야 한다. 상담자가 상담과정에서 수집하고 확인한 내담자에 대한 구체적이고 실제적인 정보를 근거로 하여 해석을 제공할 때 내담자는 상담자의 해석을 이해하고 동의하기 쉬워진다. 또한 내담자의 전체를 보지 않고 부분적인 면에 대해서만 이루어지는 해석은 내담자로 하여금 '전체적이고 완전하게 이해받지 못했다'고 생각하게 할 수 있으므로 피해야 한다.

넷째, 해석은 내담자의 현재 욕구를 존중하고 내담자의 인지적·성격적 특성을 고려해서 이루어져야 한다. 해석이 내담자의 욕구·필요와는 상관없이 일방적으로 이루어지거나 내담자의 특성·속도에 대한 고려 없이 그 실시 과정 및 방법이 공식처럼 일률적으로 적용될 경우 내담자의 자기이해 혹은 통찰로 이어지기는 어렵다.

해석은 내담자의 욕구와 특성을 고려하여 실시되어야 한다.

다섯째, 해석은 한 회기에 많이 실시되지 않도록 한다. 한 번의 상담회기 중 두세 번의 노련한 해석이 보통 내담자가 잘 활용할 수 있는 최대 수치다. 내담자는 각각의 해석에 열중하고 생각하기 위한 시간을 종종 필요로 한다. 따라서 상담자는 내담자 반응을 고려하여 자신의 속도를 조절해서 해석을 실시해야 한다.

해석이 빈번하게 실시되지 않도록 주의해야 하며, 내담자의 반응에 따라 속도를 조절해야 한다.

여섯째, 해석에서는 가능한 한 전문적인 용어 사용을 피하고, 단정적으로 표현하지 않도록 한다. 상담자는 내담자가 이해할 수 있는 일반적인 언어를 사용하고, 단정적이지 않고 가설적으로 표현하는 것이 좋다. 이러한 표현 방법은 내담자가 상담자의 해석을 계기로 하여 자각과 통찰의 과정에 자발적이고 적극적으로 몰두할 수 있게 한다.

해석할 때는 가능한 한 전문적인 용어를 피해야 하며 단정적인 표현을 삼가야 한다.

일곱째, 해석은 공손하고 조심스러운 태도로 이루어져야 한다. 내담자를 이해하기 위한 지적인 도전에 몰두하여 자신의 통찰력을 내담자에게 일방적으로 강요하거나 내담자를 비난하고 공격하고 비웃는 식으로 행해져서는 안 된다.

해석은 공손하고 조심스러운 태도로 실시되어야 한다.

TIP 효과적인 해석

1. 확고한 치료적 동맹이 형성될 때까지 해석적 과정을 시작하지 않는다.
2. 내담자의 자각 수준에 대한 충분한 고려 후에 해석을 해야 한다.
3. 해석 내용을 논의할 충분한 시간이 남았을 때 실시한다.
4. 내담자 전체를 보지 않고 일부에 대해서만 해석하지 않도록 한다.
5. 내담자의 욕구나 속도 등 내담자의 특성에 맞게 실시한다.
6. 한 회기에 많은 해석을 하지 않도록 한다.
7. 내담자에게 비난, 공격, 적대감, 비웃음으로 행해져서는 안 된다.
8. 되도록 전문적인 용어는 피하고 내담자가 이해할 수 있는 일반 언어를 사용해야 한다.
9. 되도록 단정적이지 않게 가설적으로 표현해야 한다.
10. 공손하고 조심스러운 태도로 실시해야 한다.

연습문제 I

● **다음의 해석 기법에 대한 설명이 맞으면 ○, 틀리면 × 표시하시오.**

설 명	○ / ×
1. 해석 시 가능한 한 전문적인 용어를 사용해서 내담자의 이해도를 높이도록 한다.	
2. 내담자에게 필요한 해석일지라도 내담자의 욕구나 속도 등 내담자의 특성에 맞추어 사용해야 한다.	
3. 해석은 내담자의 말 속의 숨은 의미를 설명해 주는 것으로 다른 관점에서 상황을 볼 수 있게 한다.	
4. 해석의 목적은 내담자의 책임과 권한을 줄이기 위한 것이다.	
5. 해석은 초보상담자를 비롯한 모든 상담자가 사용해야 할 간단한 기술이다.	
6. 가설적 표현방식으로 해석을 해 주는 것이 내담자의 방어를 줄일 수 있다.	
7. 상담과정에서 해석 시점은 상관이 없다.	
8. 해석 내용이 긍정적으로 혹은 부정적으로 표현되었는지는 중요하지 않다.	
9. 해석이 내담자의 관점과 거리가 멀수록 변화를 가져오기 쉽다.	
10. 해석 후 해석이 정확했는지 내담자와 함께 점검해 보는 것은 꼭 필요한 과정이다.	

모범 답 1. × 2. ○ 3. ○ 4. × 5. × 6. ○ 7. × 8. × 9. × 10. ○

연습문제 Ⅱ

● **(1~2) 다음 문제에 제시된 내담자의 말 속에 담긴 숨은 의미를 가장 잘 표현한 문장을 고르시오.**

1. 불안과 무기력을 호소하는 대학교 4학년 여학생이다.

> **내담자:** 이제는 엄마로부터 독립해야 한다고 생각해요. 그래서 취업을 준비하려고요. 하지만 엄마 곁을 떠나기가 힘들어요. 엄마가 나를 억지로 밖으로 밀어내는 것 같아요. 어릴 때부터 엄마는 항상 그랬어요.

① 어머니로부터 독립하고 싶다.
② 어머니의 사랑을 충분히 받고 싶다.
③ 취업에 대한 고민

해설 ①번은 내담자 말의 겉으로 드러난 내용에는 주의를 기울였으나 숨은 의미는 파악하지 못했다. ②번은 내담자 말 속의 숨은 의미를 파악했다. ③번은 내담자 말 속의 메시지 중 한 가지는 파악하였으나 숨은 메시지는 파악하지 못했다.

모범 답 ⑦

2. 직장 내 성희롱 피해자인 20대의 여성 회사원이다.

> **내담자:** 힘들지만 직장생활을 잘해 보려고 노력하고 있어요. 버티기가 힘든 상황이지만 그렇다고 포기할 수는 없어요. 실직이란 정말 두려운 일이거든요. 어떻게든 견뎌 보려고 해요.

① 만약 실직한다면 그 후 삶이 어떻게 될지 두렵다.
② 직장 내 성희롱 피해를 입은 후 완전히 지쳐 있다.
③ 직장생활에 어쨌든 충실하기로 결심했다.

해설 ①번은 내담자 말 속에 숨은 의미를 파악했다. ②번은 사실일 수는 있으나 내담자 말 속에는 이런 흔적이 보이지 않는다. ③번은 겉으로 드러난 내용에서건 숨은 내용에서건 분명하지 않은 내용이다.

모범 답 ①

● **(3~10) 다음 문제에 제시된 내담자 반응에 대한 상담자의 해석 반응으로 가장 알맞은 것을 고르시오.**

3. 고등학교 1학년 여학생이 성적이 떨어지는 것에 대해 담임교사와 상담하고 있다.

내담자: 열심히 공부하려고 하는데 너무 피곤해요. 동아리 활동에 시간을 많이 뺏겨서인지 학업에 집중하기가 어려워요. 하지만 동아리 활동을 통해서 제 자신이 너무 대견하고 보람을 느껴요.

① 성적을 생각한다면 동아리 활동을 포기하는 게 좋겠다.
② 현재 동아리 활동이 학업보다 우선한다고 말하는 것 같다. 자신의 학업 태도에 대해 알게 되면 변화되는 데 도움이 될 거다.
③ 동아리 간부로서 동아리의 발전을 위해 기여하도록 더 노력하렴.

해설 ①번은 내담자 말 속의 숨은 내용은 간과했고 자기 행동에 대해 다른 관점에서 상황을 고려해 보게 만들지 못했다. ②번은 내담자 말 속의 숨은 내용을 파악하여 내담자의 태도와 행동에 대한 다른 설명을 제공하고 있다. 내담자가 깨닫지 못했을 수 있는 문제를 말로 표현해 주었다. ③번은 내담자 말 속의 숨은 메시지를 전혀 파악하지 못해서 적절한 해석을 해 주지 못하고 있다.

모범 답 ②

4. 성적이 나쁘고 지각과 결석이 잦으며 수업 시간에도 주로 엎드려 잠을 자는 고등학교 2학년 남학생이 상담교사와 면담하고 있다.

내담자: 학교가 너무 지겨워요. 선생님들도 무섭고 반 애들도 어리고 답답해요. 게다가 부모님이 맞벌이를 하시니까 아침 일찍 깨워 줄 사람도 없어요.

① 자기반성은 없고 모든 이유를 남 탓으로 돌리는구나.

② 집안일이 많아서 학교 공부에 충실할 수 없다고 말하는 것 같구나.

③ 자신의 행동을 책임지겠다는 생각은 아직 못 해 본 것 같구나.

해설 ①번은 내담자의 마음을 알아 주지 않고, 객관적으로 평가하고 비난하는 말투다. ②번은 해석이긴 하지만 제공된 정보를 훨씬 넘어선 추측이다. ③번은 학교생활에 적응하는 데 필요한 것과 관련지어 해석하였다.

모범 답 ③

5. 중독성을 보이는 음주 습관을 고치려고 몇 주 동안 직장인 단주 프로그램 진행자를 만나 온 남성인데 참여 기간에 계획한 일 중 어느 하나도 해 내지 못했다.

> **내담자**: 시간이 없어 만들기로 한 실천 사항 기록 카드를 못 만들었어요. 생각은 했는데 카드를 구할 수 없었어요.

① 당신의 실천 상황을 보니까 정말 술을 끊으려는 준비는 아직 안 된 것 같네요. 아직은 망설이는 단계에 있으신 것 같아요.

② 스스로 계획했으면서 며칠씩이나 카드를 구할 수 없었다니 믿기 어렵네요. 단주를 하고 싶으시면 정말 노력하셔야 합니다.

③ 단주를 실천하고자 하는데 시간이 부족했던 것 같네요. 이제는 격주로 만나는 게 좋을 것 같네요.

해설 ①번은 내담자 말 속의 숨은 내용을 파악하였다. 현재 내담자가 속한 변화 과정의 단계를 해석해 줌으로써 내담자는 자기 행동을 더 잘 이해하게 되고 책임감도 높아질 것이다. ②번은 내담자 말 속의 깊은 의미를 파악하지 못하였고, 내담자를 비난하는 어투를 쓰고 있다. ③번은 내담자가 한 말의 표면적 의미는 파악했지만 숨은 내용은 파악하지 못했다.

모범 답 ①

6. 금연 프로그램에 참여한 남성의 불성실한 참여 태도의 의미에 대해 진행자가 설명한 직후다.

> **내담자**: (의아해하며 불안해하는 모습이지만 아무 대꾸도 하지 않고 있다.)

① 제가 드린 말씀으로 기분이 언짢으신 것 같네요. 자, 이제 앞으로는 어떻게 해 나갈지 이야기해 봅시다.

② 제가 드린 말씀으로 기분이 언짢으신 것 같네요. 저는 단지 금연에 도움이 되어 드리고자 할 뿐입니다.

③ 제가 드린 말씀으로 기분이 언짢으신 것 같네요. 방금 제가 설명해 드린 것에 대한 의견을 말씀해 보시겠어요?

해설 ①번은 해석을 듣고 난 후의 내담자의 반응은 파악하였으나 해석의 영향을 살피기보다 계속 진행할 것을 선택하였다. 해석에 대한 내담자 반응을 이해하지 못하면 해석이 쓸모없는 작업이 될 수 있다. ②번은 해석에 대해 내담자의 비언어적 반응의 의미는 파악했다. 하지만 해석에 대해 더 논의해 보지 못했다. ③번은 해석에 대한 내담자의 불쾌감을 파악하였고, 내담자가 그 해석이 정확하다고 생각하는지 알기 위해 개방형 질문을 사용하였다.

모범 답 ③

7. 이혼에 대해 고민 중인 40대 여성으로, 이 문제에 대한 상의를 하기 위해 상담자를 만나고 있다.

> **내담자**: 정말 불안하고 걱정이 돼요. 아이들이 저한테는 너무나 중요하거든요. 그런데 아이들을 제대로 돌보지 못하고 거의 방치하고 있어요. 제 능력에 뭔가 문제가 있다는 생각이 들어요.

① 이혼할 수밖에 없겠네요. 그에 대한 고민으로 집중이 안 되는 거죠.

② 혹시 불안과 걱정이 이혼 문제와 관련 있는 것 아닐까요? 어떻게 생각하세요?

③ 걱정해 봤자 지금 상황에서는 별 뾰족한 수가 없을 거예요. 이혼 문제를 빨리 해결

하도록 하세요.

해설 ①번은 내담자 말 속의 숨은 의미를 파악하긴 했으나 직접적인 표현의 해석이다. 좀 더 임시적 표현으로 말해 줄 때 내담자는 그것에 관해 논의해 보려 할 것이다. ②번은 임시적 표현이라 내담자는 의미 있는 방식으로 고려해 볼 것이다. ③번은 내담자 말 속의 숨은 내용을 파악하긴 했지만 강한 명령조의 말투 때문에 내담자가 부정적으로 반응하기 쉬울 것이다.

모범 답 ②

8. 대인관계에서 지나치게 의존적이고 강박적인 성향을 가진 20대 남성으로, 새로운 사람을 만나는 데 대한 두려움과 외로움을 호소하며 상담을 받고 있다.

내담자: 어머니와는 가까운데 아버지와는 사이가 좋지 않아요.

① 말씀을 들어보니 아버지한테 애정을 받지 못해 생긴 의존 욕구 때문에 친구 사귀는 데 문제가 되는 것 같네요.
② 어머니에 대한 강한 애착 때문에 친구관계를 오래 지속시킬 수 없는 것 같네요.
③ 혹시나 당신의 일이 친구 사귀는 데 어느 정도 지장을 주는 건 아닐까요? 한번 생각해 보시면 좋겠네요.

해설 ①번은 내담자가 말한 내용과 거리가 있는 해석 답변이다. 해석이 내담자 말 속에 포함된 내용과 큰 차이가 나면 내담자는 그 해석을 무시하거나 그 해석에 부정적으로 반응하게 될 것이다. ②번은 문제에 대해 내담자가 진술한 관점과 매우 거리가 있는 해석이다. ③번은 내담자가 깨닫는 것과 가깝고 내담자의 준거 기준과도 단지 약간의 차이만을 보인다. 그 결과 내담자는 해석을 통해 현재의 어려움의 원인을 이해하게 되고 도움을 받을 것이다.

모범 답 ③

9. 대학교 2학년 여대생으로 성적 부진에 대한 고민으로 상담 중이다.

> **내담자**: 주말에 집에 있는데 정말 우울했어요. 부모님은 변호사인 오빠와 치과의사인 언니 이야기만 했어요. 제 이야기에는 전혀 관심이 없어 보이셨어요.

① 자신에게 관심과 믿음을 가져 주기를 바라는군요.

② 다른 형제들에 비해 운이 따르지 않는 경우가 종종 있어요. 이런 일이 일어나면 가족 모두와 일정한 거리를 두는 게 가장 좋아요.

③ 부모님이 당신에게 별로 관심이 없는 것처럼 생각되나요? 당신이 부모님의 그런 행동을 바꾸긴 힘들 것 같네요.

해설 ①번은 긍정적으로 표현된 해석 답변으로 내담자는 그 문제에 대한 의미 있는 논의를 해 볼 수 있게 된다. ②번은 내담자에게 변명거리를 주는 답변으로 받아들여질 경우 긍정적인 변화를 가져올 수 없게 한다. 또한 마지막 말 속에는 상담자의 편견적 대처 전략이 담겨 있다. ③번은 부정적으로 표현된 해석 답변으로 결과에 대한 편견적 관점을 담은 해석이다. 내담자에게 도움도 안 되고, 내담자의 견해나 행동도 변화시키지 못할 것이다.

모범 답 ①

10. 30대 직장 여성으로 업무 실적에 대한 스트레스를 호소하며 상담을 받고 있다.

> **내담자**: 전 항상 결정적인 순간에 남들보다 뒤처져요. 항상 그랬어요. 엄마가 항상 내가 문제라고 했어요.

① (상담 시간 중간 시점) 타고난 문제라 해결 방법이 없는 건 아닌가 걱정이 되는 모양이네요.

② (상담 시간 중간 시점) 어머니와 어머니의 영향에 대해 자주 언급하는데, 어머니의 영향과 실적이 저조한 것이 어떤 관계가 있는 건 아닌가 싶네요. 어떻게 생각하세요?

③ (상담 시간이 끝날 시점) 곧 상담을 마쳐야 합니다만, 잠시 어머니가 당신에게 미친

영향에 대해 당신의 생각을 말해 보세요. 어머니의 영향과 실적이 저조한 것이 어떤 관계가 있는 건 아닌가 싶네요. 어떻게 생각하세요?

해설 ①번은 상담자가 가진 정보에서 매우 비약한 해석이다. 또한 부진한 실적에 대한 변명거리를 제공할 가능성이 높다. ②번은 말하는 것에서 문제 탐색의 의지와 능력을 보이는 내담자에게 제공된 해석 답변이다. 이 답변을 상담 중반의 시점에 했기 때문에 해석에 대한 의미 있는 논의를 해 볼 수 있다. ③ 아무리 중요하다 해도 상담 말미에 해석을 하는 것은 분별없는 행동이다. 해석은 내담자로부터 여러 반응을 끌어낸다. 따라서 해석에 대해 생각해 보고 논의할 시간이 남아 있어야 한다.

모범 답 ⑦

연습문제 III

● **(1~20) 아래에 제시된 각 내담자의 상황과 반응에 대해 상담자로서 적합한 해석 반응을 해 보시오.**

1. 20대 미혼 여성인 내담자는 엄격하고 통제적인 어머니에게 양육되었으며, 유치원 때부터 고등학교 시절까지 어머니의 신체적·언어적 폭력에 시달렸다. 요즘도 자신감이 없고 눈치를 많이 보며 어머니의 반응에 따라 감정기복이 심하다고 호소하면서 50대 초반의 여성 상담자에게 상담을 받고 있다.

> 내담자: 선생님이 너무 냉정하신 것 같아요. 제가 잘 못하면 화내시고 지적하실 것 같아 선생님이 원하는 답을 찾으려고 노력하게 돼요. 상담 시간이 다가오면 자꾸만 긴장되고 위축돼요.

해석 반응:

해설 해석은 가능한 한 단정적이지 않고 임시적으로 표현함으로써 내담자 스스로 그 해석을 점검하게 만들어야 한다.

모범 답 내가 당신에게 어머니를 연상시키기 때문에 나를 두려워하는 것은 아닌지 궁금하군요.

2. 대학교 1학년 남학생으로, 다수의 사람 앞에 나서는 데 대한 두려움을 호소하며 상담실을 찾았다.

> **내담자**: 다른 사람들은 과제 발표 시간에 다들 잘하는 것 같은데 저는 입이 잘 떨어지지 않아요. 사람들이 다 저를 비웃을 것 같고 가슴이 터질 듯이 쿵쾅거리고 다리가 후들거려 서 있는 것조차 힘들어요.

해석 반응:

해설 현재의 사건이나 경험, 느낌을 과거와 관련시키는 해석을 통해 내담자의 자기이해와 수용을 높일 수 있다.

모범 답 다른 사람들 앞에 나서야 할 때 몹시 긴장하고 위축되는군요. 혹시 사람들 앞에 나서는 것과 관련해서 과거에 좋지 않은 일이 있었던 건 아닌가요?

3. 30대 초반의 회사원인 내담자는 직장 상사에 대한 두려움과 반감을 호소하며 내방하여 50대 중반의 남성 상담자에게 상담을 받고 있다. 내담자는 상담과정에서 어린 시절에 아버지로부터 심한 매질을 당하곤 했다고 고백하였다.

> **내담자**: 선생님께서 그런 눈빛으로 저를 보실 때면 저는 미칠 것 같아요.

해석 반응:

해설 내담자의 전이 감정을 해석함으로써 내담자의 자기이해를 도울 수 있다.

모범 답 자네에게 아버지를 상기시키기 때문에 적개심이 생길 수 있지.

4. 30대 중반의 여성으로 직장생활에서 받는 스트레스를 호소하면서 상담을 신청하였으며, 상담 진행 과정에서 남편과의 관계가 원만하지 않다는 점도 고백하였다.

> **내담자:** 아무것도 잘 되어 가는 게 없어요. 직장생활은 정말 신통치 않고 남편과는 항상 말다툼을 하고.

해석 반응:

해설 표면적으로 따로 분리되어 있는 사건들을 서로 연관 지어 해석함으로써 내담자의 근본적인 문제에 접근할 수 있다.

모범 답 직장에서의 어려움과 남편과의 어려움이 관련이 있을 수도 있겠네요.

5. 수년간 연인관계인 남성이 계속 결혼을 요구하는데도 회피하고만 있는 30대 초반의 여성이다. 상담자는 그녀에 대해 어린 시절 부모로부터 안정적인 애착관계가 형성되지 못한 것으로 파악하고 있다.

> **내담자:** 누군가와 결혼을 생각할 만큼 그를 사랑할 수 없을 것 같아요. 상대방의 흉한 모습을 보고도 변함없이 사랑한다는 건 어려운 것 같아요. 그리고 내 몸과 정신이 힘들 때도 역시 상대방을 사랑하기는 어려울 거예요. 저는 혼자 사는 것이 가장 상처를 덜 받을 수 있는 길이라고 생각해요.

해석 반응:

해설 내담자의 현재 행동이나 감정에서 발견되는 핵심 주제 및 패턴을 지적하는 해석이 필요하다.

모범 답 당신 말에 따른다면, 당신은 혹시나 다칠까 봐 두려워서 사랑하는 사람과 함께 사는 삶을 시도하지 못하고 있는 것 같군요. 당신이 세상을 살아가는 데는 무엇보다도 안전이 중요하군요.

6. 대인관계에서 위축되고 매사에 자책하는 습관을 고치고 싶다며 상담을 받고 있는 여성이다.

> 내담자: 항상 엄마의 냉정함을 원망하다가도 이젠 20대 중반의 성인인데 아직도 엄마의 사랑 타령하고 있는 내가 문제라는 생각이 들어요. 나 혼자만 생각하는 것 같고, 가족의 입장은 나 몰라라 하는 것 같고, 힘든 것을 참아내지 못하는 것 같고. 그래서 나약하고 어른스럽지 못한 나 자신이 너무 싫어져요.

해석 반응:

해설 내담자의 자신에 대한 가치 매김의 근거가 된 부모의 가치관이 현재까지도 내담자의 행동이나 감정을 지배하고 있음을 해석을 통해 이해시킬 수 있다.

모범 답 '이기적이면 안 된다, 가족을 먼저 생각해라, 힘들어도 참고 견뎌라' 같은 말들을 혹시 어머니와 아버지가 하시지 않았나요? 만약 그렇다면 당신의 가치관이 아니라 부모님의 가치관에 따라 자신을 평가하고 스스로를 낮추며 살아온 것 같군요.

7. 권위적이고 완벽주의적인 아버지의 장남으로 지금도 아버지의 간섭과 제재를 받으며 생활하고 있는 내담자다.

내담자: 졸업을 하고 벌써 2년이 지났는데 취업이 안 되고 있어요. 매일 도서관에 가서 책을 보고는 있는데 집중이 되지를 않아요. 발등에 불이 떨어졌다는 생각도 해 보고 취업한 친구들도 생각해 보며 나 자신에게 자극을 주려고 해도 그 순간뿐이고 금세 무기력해지고 멍해집니다.

해석 반응:

해설 내담자의 과거 관계나 경험에 기초를 둔 현재 증상, 갈등, 욕구, 대처 전략, 방어, 감정, 사고, 행동, 관계 경향성 등을 설명해 주어 내담자에게 의미를 명료하게 해 준다.

모범 답 어쩌면 당신이 취업 준비에 매진하지 못하는 것은 아버지에게 화가 났기 때문일지도 모릅니다.

8. 대인관계의 어려움으로 상담을 받고 있는 30대 중반의 직장 여성이다.

내담자: 어제 오랜만에 동창회에 갔는데 다들 들떠서 노래하고 춤추고 아주 행복해 보였어요. 그런데 나만 그 분위기에서 동떨어진 채 불편한 마음으로 앉아 있다 왔어요. 다들 나한테는 관심이 없는 것 같았어요.

해석 반응:

해설 서로 분리된 진술 · 문제 · 사건 간의 연결을 형성하는 해석을 통해 내담자의 자각과 통찰을 도울 수 있다.

모범 답 어제 동창회에서 느꼈던 감정과 평소에 대인관계에서 느끼는 감정이 서로 연관성이 있나요?

9. 직장에서는 성실하고 성격 좋은 사람으로 호평받고 있으나 혼자 있을 때는 가슴이 답답하고 무기력해진다며 무엇이 문제인지 알고 싶다고 상담을 요청한 30대 남성이다.

> 내담자: 이 사람 저 사람의 부탁으로 쉴 틈이 없어요. 몸과 마음이 너무 지쳤어요. 하지만 사람들이 부탁하는 것을 거절하기는 너무 어려워요. 거절이라는 말을 떠올리기만 해도 벌써 가슴이 두근거리고 우울해져요.

해석 반응:

해설 내담자의 행동이나 감정을 지배하는 핵심 주제를 지적해 주는 해석을 통해 내담자의 변화를 촉진시킬 수 있다.

모범 답 착하고 성실하지 않으면 다른 사람들이 당신을 좋아하지 않을까 봐 두려워하는 건 아닌가요?

10. 타인과 관계 맺는 것이 피곤하다며 상담을 요청한 20대 중반의 여성이다. 상담과정에서 그녀는 학창 시절의 왕따 경험과 실연 경험에 대해 고백했다.

내담자: 친구들과 관계하지 않고 나 혼자 지내면 정말 만족스러워요. 나 자신에게 아무런 문제가 없다는 생각이 들고 마음이 평화로워요. 그런데 친구들과 같이 있게 되면 그들의 말을 잘 들어 줘야 하고 기분이 상했을까 봐 신경이 쓰이고 부담스러워요. 지금까지 그들에게 쏟았던 감정과 시간을 더 이상은 쏟고 싶지 않아요. 그들의 세계와 나의 세계를 분리하여 생각하고 싶어요. 난 혼자 있을 때가 행복해요.

해석 반응:

해설 내담자의 감정 · 행동 · 문제에 대해 새로운 이해의 틀을 제공해 주는 해석이 필요하다.

모범 답 당신은 친구들과 같이 있는 것이 너무 부담스럽고 싫다고 하지만, 학창 시절의 왕따 경험에서 느꼈던 그 배신감을 또 느끼게 될까 봐 미리 친구들을 경계하는 건 아닐까요?

실습훈련

● **다음과 같이 해석 반응을 실습해 본다.**

진행 방법

3명이 한 조가 되어 내담자, 상담자 및 관찰자 역할을 번갈아 가며 맡는다. 이때 상담자는 내담자가 드러내고 싶지 않은 이야기에 대한 권리를 항상 가지고 있다는 것을 기억하고, 내담자는 적어도 어느 정도는 개방할 계획을 해야 한다. 가능하면 각각의 짧은 상담을 녹음하거나 녹화한 뒤 토론을 한다.

• 상담자 역할

기초적 상담기법과 섞어서 해석 기법을 연습해 본다.

• 내담자 역할

상담자가 해석 기법을 연습해 볼 수 있도록 내담자는 협조를 해 준다. 친구 및 가족의 역할 연기를 해 보거나 다음 역할 중 하나를 선택하여 연기해 본다.

〈역할 활동을 위한 사례〉

사례 1: 완벽주의적인 부모에 의해 권위적이고 통제적인 교육을 받으며 성장한 30대 기혼 여성이 자녀에 대한 자신의 폭력성을 말하고 있다.

사례 2: 여자친구와 헤어진 남자 대학생이 이후 모든 모임에 나가지 않고 편지와 선물 등 여자친구와 관련된 물건 속에서만 생활하려고 한다.

사례 3: 50대 중년 여성이 어떤 사람의 행동이 이기적이라고 지각할 때면 항상 가슴이 두근거리며 불쾌하고 몹시 화가 난다고 말하고 있다.

사례 4: 40대 기혼 남성이 직장의 승진 시험에서 탈락한 후부터 부쩍 신경이 날카롭고 사소한 일에도 불 같이 화가 난다고 말하고 있다.

• 관찰자 역할

녹음 · 녹화 장비를 작동시키면서 연습상담을 관찰하여 해석 반응 실습 관찰지를 작성하고, 관찰 내용을 메모한다.

상담 후 토론

모든 참여자는 녹음 · 녹화된 상담 장면과 해석 반응 실습 관찰지를 활용하여 각 상담이 어떻게 진행되었는지, 어떤 해석이 가장 유용했고 그 이유는 무엇인지, 어떤 어려움이 있었는지, 그리고 개선 방안은 무엇인지에 대해 토론한다.

해석 반응 실습 관찰지

소속: 이름:

• 관찰자는 상담실습 장면을 관찰하여 아래의 점검표를 작성하고 물음에 답하시오.

1. 다음 영역에 대한 상담자의 반응 점수에 ∨표를 하시오.
(점수가 높을수록 효과적임을 의미한다.)

상담자 반응	1	2	3	4	5
해석의 적절성					
다른 상담 반응의 적절성					
비언어적 반응의 적절성					

2. 어떤 해석이 가장 유용했고, 그 이유는 무엇인지 적어 보시오.

3. 상담자 반응 중에서 보완할 점을 적어 보시오.

자기개방

7

'나처럼 행동하세요'라고 누구에게나 떳떳이 말할 수 있는 사람이 되도록 하라!

-Immanuel Kant-

학 습 목 표

1. 자기개방의 개념을 이해하고 설명할 수 있다.
2. 상담자의 자기개방을 통해 내담자에게 모델링될 수 있다.
3. 상담자가 사실적 정보나 자신의 느낌을 솔직하게 표현하고, 내담자의 욕구, 대처 방식, 증상 등을 이해하고 탐색할 수 있다.
4. 상담장면에서 자기개방을 하게 되는 적절한 때를 익힐 수 있다.

자기개방은 내담자의 이야기를 들으면서 그 주제와 관련하여 상담자가 자신의 생각, 가치, 느낌, 태도 및 여러 가지 개인적인 것을 내담자에게 드러내는 것이다(Hill & O'Brien, 2001). 상담자의 자기개방은 내담자의 이야기를 더욱 격려하는 효과가 있다. 상담자의 적절한 자기개방은 내담자의 자기개방을 촉진하며, 내담자의 상담자에 대한 신뢰를 더욱 드높이고 서로 동등한 관계를 형성하게 하여 치료적 관계를 증진시킬 수 있다.

자기개방을 통해 내담자는 상담자를 인간적으로 알게 되고, 더 높은 수준의 신뢰감 형성과 솔직한 의사소통이 이루어질 수 있다. 보통 내담자는 사적인 이야기를 털어놓는 것을 힘들어하고 자기개방을 편치 않게 여길 수 있으며, 자기개방하는 방법을 모를 수도 있다. 이럴 때 상담자가 내담자에게 자기개방 기술을 시범으로 보여 주면 내담자는 특정 문제와 문제해결에 사용할 수 있는 자원에 정확하게 초점을 맞출 수 있게 된다. 또한 적당한 시점에 상담자가 자기개방을 사용함으로써 내담자의 통찰을 도울 수도 있게 된다.

상담자는 자기개방을 통해서 내담자에게 자기개방의 모델링이 될 수 있다.

자기개방은 적절히 사용하면 효과적인 상담기술이 된다. 하지만 상담자가 자기개방을 지나치게 많이 하면 문제가 될 수 있다. 자기공개를 지나치게 자주 사용하면 내담자의 탐색을 방해하고, 상담자에게로 주의가 옮겨질 수 있으므로 조심해야 한다(Evans et al., 2000). 자기개방을 할 때는 반드시 내담자의 욕구에 초점을 두며, 내담자의 문제 상황을 탐색하는 데 도움을 줄 때 적절한 기법이 될 수 있다.

상담자의 자기개방은 내담자가 자신의 문제상황을 탐색하는 데 도움을 받을 수 있을 때 의미가 있다.

자기개방은 시점이 중요한데, 이른 자기개방은 상담과정에 방해를 가져온다. 시기와 초점을 잘 맞춘 자기개방을 해 주면 내담자는 방해받는 일 없이 상담을 지속할 수 있다.

1. 자기개방에 영향을 미치는 요인들

상담자의 이론적 배경 상담자의 자기개방은 상담자의 이론적 배경에 따라 많은 영향을 받는다. 전통적 정신분석 접근을 따르는 상담자는 자기개방에 제한을 둔다(Farber, 2006). 이 분야의 상담자는 치료 과정의 초점을 내담자와의 전이관계 형성에 두기 때문에 상담자의 자기개방이 전이관계 형성에 방해가 된다고 여기며 중립적인 태도를 취한다. 즉, 상담관계에서 생겨난 상담자의 생각과 감정은 역전이라고 명명하고 상담관계에서 다루지 않는다. 이와는 반대로, 인본주의 관점에서는 상담자의 자기개방을 상담관계를 형성하는 도구로 활용하고, 또한 행동주의자는 자기개방의 사용이 내담자에게 적절한 모델을 제공한다고 주장한다(Duke & Murdock, 1992).

상담자의 상담경력 상담자의 자기개방은 상담경력에 따라 다른 양상으로 나타난다. 노련한 상담자가 자기개방을 더 자유롭게 사용하는 경향이 있으며(Simon, 1988), 초보상담자의 자기개방은 내담자를 돕기 위한 목적보다는 자신의 불안을 처리하기 위한 것일 수도 있다.

상담회기 일반적으로 상담회기에 따라 상담자의 자기개방 내용이 달라진다. 상담의 초기에는 상담자의 사실적인 정보, 즉 경력이나 자격 사항 등에 대한 개방을 하며, 상담관계가 형성되는 중기 이후에는 상담자의 개인적인 경험이나 통찰, 전략 등을 개방하게 된다. 그러므로 회기가 진행됨에 따라 내담자는 상담자의 자기개방의 여러 형태를 경험하게 된다.

2. 자기개방의 효과

모델링의 효과 자기개방은 상담과정 중 내담자에게 일어나야만 하는 행동들을 내담자에게 보여 주는 효과적인 방법 중 하나다(Evans et al., 2000). 무엇을 해야 좋을지 모르는 내담자에게 기꺼이 자기에 대해 알려 주는 상담자의 모습은 내담자가 상담 중에 어떻게 행동해야 하는지를 안내해 준다.

목표 설정과 실행에 필요한 새로운 시각과 조망 제공 내담자로 하여금 자신과 문제 상황에 대해 구체적으로 말하게 하며, 새로운 조망과 사고틀을 갖게 하여 현실적인 목표를 세우도록 한다. 예를 들어, "여러 사람 앞에만 서면 가슴이 두근거려서 아무 말도 할 수가 없고 머리가 하얘지는 것 같아요" 하는 내담자에게 상담자가 "저도 그 느낌이 어떤 것인지 알 것 같아요. 저 또한 여러 사람 앞에 서는 것이 너무 두려웠고, 그것 때문에 오랜 꿈이었던 교사가 되는 것도 포기했어요. 그러나 이 문제를 우리가 다루어 본다면 당신이 그러한 두려움을 이겨 내는 데 도움이 될 거라고 생각합니다" 하고 말한다면 내담자는 상담에서 다루어야 할 내용과 목표를 설정하게 될 것이다. 그러나 아무 생각 없이 혹은 상담자 자신을 나타내 보이기 위해서 행한 자기개방은 내담자를 놀라게 하거나 상담자를 정신적으로 건강하지 못한 사람으로 보게 하는 등 역효과를 내기도 한다. 따라서 자기개방은 상담에 촉진적이고 생산적일 때만 유용하다.

> 자기개방은 모델링의 효과 이외에도 내담자로 하여금 목표 설정과 실행에 필요한 새로운 시각을 갖게 한다.

3. 자기개방의 원칙

상담자는 내담자가 부담을 느끼지 않고 자신의 문제 상황을 구체적으로 이해할 수 있는 경험을 선택하여 공개해야 한다.

자기개방의 내용에는 초점이 있어야 한다 상담자의 자기개방은 내담자를 겨냥하여 내담자의 문제 상황을 탐색하는 데 도움을 줄 때만 적절한 기법이다. 상담자의 경험 중 어느 것이 내담자로 하여금 문제 상황을 더 구체적으로 이해할 수 있게 하는지를 생각하여 선택적으로 공개해야 한다. 내담자의 특정한 말이 단서가 되어 회상되는 상담자의 경험을 이리저리 이야기해 보는 것은 내담자의 탐색을 오히려 방해한다.

내담자에게 부담을 주지 말아야 한다 상담자의 자기개방은 이미 당황해하고 있는 내담자에게 또 다른 부담이 되지 않도록 해야 한다. 예를 들어, 어떤 상담자는 성 문제를 호소하는 내담자를 편안하게 할 목적으로 자기의 경험을 개방하였다. 상담자는 내담자가 겪는 경험과 비슷한 경험을 이야기함으로써 내담자를 좀 안심시키려 하였으나, 내담자는 "선생님, 당신의 문제를 내게 말하지 마세요. 나는 지금 내 문제만으로도 힘들어요. 당신 문제까지 감당하고 싶지 않아요!" 라고 반응하였다. 이 상담자는 지나치게 빨리, 지나치게 많이 자기를 내보였던 것이다. 이 상담자는 내담자에게 줄 수 있는 이익보다는 기꺼이 자신을 공개한다는 상담자 자신의 의도만을 만족시킨 것이다.

상담자의 자기개방으로 상담의 초점이 상담자에게로 옮겨져서는 안 된다.

지나치게 자주 사용하지 말아야 한다 상담자의 자기개방을 지나치게 자주 사용하면 내담자의 탐색을 방해하고 상담자에게로 주의가 옮겨지게 되므로 필요한 때에만 활용한다.

4. 상담과정에서 자기개방 활용

상담자의 자기개방은 상담에 불신을 갖고 있는 내담자에게 보다 효과적일 수 있다. 어떤 내담자는 상담자가 자신을 이해하고 도울 수 있을지 의심하고, 상담자가 들추어 내는 정보가 자신에게 불리하게 사용될까 봐 걱정한다. 상담자는 "내게 묻고 싶은 것이 있나요?"라고 물음으로써 첫 상담을 시작하고, 내담자가 알려고 묻는 질문에 정직하게 대답한다. 상담자의 자기개방은 특히 개인적인 일이나 가족에 관한 일을 다른 사람에게 드러내는 것에 반감을 가지는 내담자에게 중요하다. 상담자는 내담자의 질문에 진솔하게 반응하는 것이 적절하지만, 때에 따라 특히 그 질문이 과하거나 지나치게 개인적일 경우 내담자의 질문의 동기가 무엇인지 내담자에게 물을 수 있다.

개인정보 개방 상담자의 개인적인 정보를 개방하는 것으로, 상담자의 학력, 경력, 자격증 유무, 결혼 사실 등을 개방하는 것을 말한다. 일부 상담자는 학위 증서나 자격증을 액자에 넣어 자신의 사무실 벽에 걸어 둠으로써 학력을 개방하기도 한다. 많은 내담자는 특정 상담자와 함께 상담할 것인지를 결정하기 위하여 상담자의 자격에 대한 정보를 원하기 때문에 그에 대해 설명하는 것이 바람직하다(천성문 외, 2007).

상담자는 명확한 이유 없이 개인정보를 드러내지 않도록 한다. 특별한 목적 없이 상담자가 정보를 개방하는 것은 내담자의 문제보다 상담자의 문제에 의한 것일 수 있으므로 주의한다.

특별한 목적 없이 상담자의 개인적인 정보를 개방하지 않도록 한다.

내담자: 선생님은 몇 살이세요? 결혼은 하셨어요? 결혼도 안 한 것 같은데 내가 하는 말을 이해나 하시겠어요?

상담자: 제가 ○○ 씨보다 어려 보이고 결혼도 안 한 것 같아서 ○○ 씨의 말을 이해하지 못할 것 같으신가 보군요. 그 점에 대해서는 염려하지 않으셔도 되실 겁니다. 저는 전문적인 수련을 받아 왔고, ○○ 씨와 같은 연령의 내담자를 많이 만나 왔습니다.

감정개방 상담자는 감정의 개방을 통하여 자신 또한 내담자와 비슷한 감정을 겪었고 비슷한 느낌을 갖는다는 것을 내담자에게 전달한다. 상담자의 감정개방은 내담자가 자신의 감정을 개방하도록 촉진할 수 있으며, 적절히 사용하면 내담자에게 상담자가 자신을 이해하고 있다는 감정을 증진시킬 수 있다.

상담자의 진솔한 자기개방은 자신의 개인적인 일을 드러내는 것을 두려워하는 내담자에게 특히 중요하다.

또한 상담자는 자신이 무엇을 느끼는지 개방함으로써 내담자에게 그의 감정을 개방하는 방법에 대한 본보기를 보여 줄 수 있다. 상담자의 감정개방을 들은 후에 내담자는 그들이 유사한(혹은 매우 다른) 감정을 가지고 있음을 인식할 수 있게 된다. 다시 말해서, 감정의 개방은 내담자가 자신의 감정을 인식하고 표현하도록 자극한다. 결과적으로 감정의 개방은 특히 수치심이나 죄책감 같은 감정을 경험하는 것을 두려워하는 내담자에게 유용할 수 있다.

감정개방의 또 다른 목표는 다른 사람도 자신과 유사한 감정을 가지고 있음을 내담자가 알게 함으로써 자신의 감정을 정상적으로 느낄 수 있도록 돕는 것이다. 우리 대부분은 자주 자기 혼자만이 비참하거나 부적절하고 위선자 같으며 의기소침해진다고 느낀다. 그러나 다른 사람도 같은 방식으로 느낀다는 것을 들으면서 우리는 매우 안심하게 된다. 사실, Yalom(2005)은 치료에 있어서 보편성(다른 사람도 그렇게 느낀다고 이야기하는 것)이 병을 낫게 하는 데 도움이 된다고 하였다.

초보상담자는 자신의 필요에 의해 자기개방을 사용하지 않는 것이 중요하다. 이는 자신의 문제로 주의를 돌리려고 하거나 특정한 주제에 관해 자신이 얼마나 잘 알고 있는지 보여 주려는 의도로 자기개방을 사용하고 싶어 하기 때문이다. 따라서 상담자는 자기개방의 의도에 대해서 심사숙고하고, 다음의 예처럼 감정을 드러낸 후에는 내담자에게 초점을 돌리도록 주의해야 한다.

내담자: 아이가 하는 행동이 남편이랑 똑같아서 보고 있으면 화가 치밀어요.

상담자: 나도 남편과 사이가 나빴을 때 유사한 경험이 있기 때문에 당신 마음을 알 것 같아요.

내담자: 그러면 안 되는 줄 알지만 남편한테 이야기 못 하는 것들을 아이한테 화풀이하고 있어요. 아이에게 미안하고 후회가 됩니다. 이러다가 아이가 저를 싫어하게 될까 봐 걱정돼요.

상담자: 지금 당신의 그 괴롭고 걱정스런 마음이 제게 느껴져요.

개인적인 경험개방 개인적인 경험을 개방하기 전에 상담자는 자신의 의도에 대하여 신중히 생각하도록 한다. 내담자를 돕기 위한 것이 아닌 상담자 자신의 필요에 의한 개방이라면 자제해야 한다. 다음의 예처럼 내담자가 처한 상황과 유사한 상황에 있을 때 상담자가 자신의 개인적인 경험을 개방하면 내담자는 자신의 행동이 무엇에서 비롯되었는지를 생각할 수 있다.

개인적인 경험을 개방할 때는 내담자를 돕기 위한 개방이어야 한다.

내담자: 저는 제 삶에서 몇 가지 것에 중독된 적이 있습니다. 술, 수면제, 게임 같은 거예요. 저는 그 시절을 제 삶에서 없애 버리고 싶습니다.

상담자: 저도 술에 의존한 시기가 있었습니다. 제가 참 힘들었던 시기였던 것 같아요. 술에 의존하지 않았으면 더 좋았겠지만 그 시기에 제가 술에라도 의지해서 극단적인 선택은 하지 않고 지나갈 수 있었던 것 같아요.

TIP 효과적인 자기개방

1. 내담자와 신뢰관계가 형성된 후에 자기개방을 해야 효과적이다.
2. 자기개방을 할 때는 상담자 자신에 관한 일이나 느낌을 표현해야 한다.
3. 내담자가 관심을 가지고 있는 문제에 대해서 자기개방을 해야 한다.
4. 상담자 자신의 정서와 결부시켜 자기개방을 할 때 치료관계를 촉진시킬 수 있다.
5. 상담자는 지나치게 자주 자기개방을 사용하지 말아야 한다.

연습문제 I

● 다음의 자기개방 기법에 대한 설명이 맞으면 ○, 틀리면 × 표시하시오.

설 명	○ / ×
1. 상담 중 상담자의 자기개방은 빈번한 것이 좋다.	
2. 자기개방을 통해 내담자는 상담자를 신뢰할 수 있고, 솔직한 의사소통을 할 수 있게 된다.	
3. 내담자의 생각을 특정 문제에서 딴 곳으로 돌리기 위해 자기개방을 한다.	
4. 과거의 감정과 경험에 초점을 둔 자기개방이 가장 효과적이다.	
5. 상담자의 자기개방은 내담자에게 모델링을 제공할 수 있다.	
6. 자기개방을 할 때는 상담자의 욕구가 중요하다.	
7. 초보상담자일수록 자기개방을 더 자유롭게 사용하는 경향이 있다.	
8. 정신분석적 이론의 관점에서는 자기개방이 왜곡된 전이관계로 위험이 더 크다고 한다.	
9. 상담자의 자기개방은 상담회기와는 관련성이 없다.	
10. 상담자의 자기개방은 수치심이나 죄책감 같은 감정을 경험하기 두려워하는 내담자에게는 유용하지 않다.	

모범 답 1. × 2. ○ 3. × 4. × 5. ○ 6. × 7. × 8. ○ 9. × 10. ×

연습문제 Ⅱ

● **다음 문제에 제시된 내담자 반응에 대한 상담자의 자기개방 반응으로 가장 알맞은 것을 고르시오.**

1. 중학생 내담자가 시험 기간임에도 공부가 잘 되지 않아서 어려움을 호소한다.

> 내담자: 자꾸 딴 생각이 생겨서 공부에 집중하기가 힘들어요.

① 누구나 잡념이 생기기 마련이니 심각하게 생각하지 마세요.
② 공부하기 싫은 거 아닌가요?
③ 나도 공부만 하면 잡념이 많이 생겨요. 공부는 머리에 들어오지 않고, 중요하지도 않은 일이 자꾸 떠올라 화가 나더라고요.

해설 ①번은 내담자가 느끼는 불안감을 묵살하는 표현이므로 적절하지 않다. ②번은 판단하는 어투로 내담자가 방어하도록 하는 표현이다. ③번은 상담자도 공부가 잘 되지 않던 시기를 개방하여 내담자와의 신뢰를 촉진시킨다.

모범 답 ③

2. 대인관계를 힘들어하는 내담자가 어려움을 호소하고 있다.

> 내담자: 내 마음을 알아 주는 사람이 없는 것 같아서 마음이 울적해요. 선생님은 그런 적이 없으세요?

① 나도 정말 내 마음을 나눌 수 있는 사람이 없는 것 같아요. 친구를 사귀어 보려고 해도 잘 안 되더라고요. 그래서 내가 뭔가 부족한 사람은 아닌가 하는 생각도 들었어요.
② 내 마음을 알아 주길 바라는 것은 너무 지나친 기대지요.
③ 나는 알고 지내는 사람은 많은데 진짜 친한 친구는 몇 명 없어요.

해설 ①번은 내담자의 관심사와 관계되는 상담자의 경험과 개성이 드러나는 적절한 자기개방이다. ②번은 내담자의 어려움을 일반화시켜 무시하고 있다. ③번은 개인적인 경험을 개방하기는 하지만 초점이 내담자에게 있지 않다.

모범 답 ①

3. 아버지가 돌아가시고 나서 마음을 못 잡는 여동생을 걱정하는 내담자다.

> **내담자:** 여동생이 학교를 안 가고 나쁜 친구들과 어울리는 것 같아요. 엄마에게 말씀드려야 할 것 같은데 어떻게 이야기를 꺼내야 될지 모르겠어요.

① 나도 어머니와 상의하는 게 쉽지 않았어요.
② 나 같아도 어머니가 걱정하실까 봐 말씀드리기가 쉽지 않을 것 같아요. 하지만 막상 어머니와 상의해 본다면 얼마나 잘 대처하시는지 놀라게 되는 경우가 있더라고요.
③ 나는 어머니께 말씀드리는 게 별로 어렵지 않던데 힘들어하시는 이유를 잘 모르겠네요.

해설 ①번은 적절한 수준의 자기개방이긴 하지만 현재 상황에 초점을 둔 것만큼 효과는 없다. ②번은 현재 상황에 초점을 둔 자기개방이므로 문제의 중요한 측면을 파악하는 데 도움이 된다. ③번은 내담자 상황을 이해하지 못하거나 공감하지 못하는 답변이다.

모범 답 ②

4. 고등학교에 진학한 후 중학교와 비슷한 수준으로 공부를 하지만 성적이 자꾸 떨어져서 우울한 내담자와의 상담 장면이다.

> **내담자:** 성적이 자꾸 떨어져서 더 이상 공부하기 싫어요. 선생님은 어떠셨어요?

① 성적이 떨어진다고 공부하기 싫어지면 발전이 없지요. 그걸 극복해야 합니다.
② 중2 땐가 갑자기 성적이 떨어진 적이 있었어요.
③ 나도 고1 때 아무리 공부를 해도 성적이 자꾸 떨어져서 대학을 포기해야 되는 것은 아닌가 하는 생각이 들었던 적도 있었어요. 그 마음이 어떨지 짐작이 됩니다.

해설 ①번은 내담자를 판단하는 어투라 적절하지 않다. ②번은 상담자 문제로 논의 내용이 바뀔 수 있으므로 부적절한 자기개방이다. ③번은 내담자와 비슷한 상황에서 상담자가 어떻게 반응하였는지를 자기개방하여 신뢰를 깊게 할 수 있다.

모범 답 ③

5. 실직을 한 후 구직활동 중이지만 불안하여 상담을 받는 내담자다.

> **내담자**: 다시는 직업을 구하지 못할까 봐 초조해져요. 그런데 선생님이 하는 일이라고는 바보 같은 말이나 하고 있는 거잖아요. 저한테 전혀 도움이 안 돼요.

① 제가 해고당했을 때의 초조함이 느껴지네요. 나도 그 시절에는 무척 불안했기 때문에 당신이 이해가 됩니다.

② 제가 하라는 것을 제대로 하지 않기 때문에 더 초조해지고 있다고 생각이 됩니다.

③ 너무 불안해 보이네요.

해설 ①번은 내담자와 같은 시기에 느꼈던 감정을 개방하여 내담자가 자신의 감정을 인식할 수 있도록 한다. ②번은 내담자를 이해해 주지 않고 책망하고 있다. ③번은 내담자가 어렵게 꺼낸 이야기를 가볍게 인식하고 있다.

모범 답 ①

6. 아버지가 돌아가신 후부터 가정을 책임지고 있던 중 다른 지역에 있는 대학으로 진학하게 되면서 어머니께만 동생들을 맡기는 것에 마음이 놓이지 않는 내담자다.

> **내담자**: 2년 전 아버지가 돌아가신 후에는 제가 동생들을 주로 돌봤어요. 그런데 이제 어머니가 동생들을 돌봐야 하는데 어떻게 대처해 나가실지 잘 모르겠어요.

① 대학에 가서 잘 적응할 수 있도록 자신의 일에 신경 쓰는 게 더 좋지 않을까요?

② 나도 어머니와 상의하는 게 힘들었는데 지나고 보니 어머니에게 도움을 요청했더라면 좋았겠다 싶더라고요.

③ 우리 어머니는 정말 재미있는 분이세요.

해설 ①번은 내담자가 처한 현실적인 상황에 대한 충고에 그치게 되므로 내담자에게 도움이 되지 않는다. ②번은 내담자와 비슷한 상황에서의 상담자의 경험에 대한 자기개방을 한 것으로, 신뢰가 깊어지게 한다. ③번은 내담자 문제와 관련 없는 개방이라 적절하지 않은 개방으로 볼 수 있다.

모범 답 ②

7. 신학기가 되어 새로운 친구들을 만나야 하는 환경에 접하는 것에 불안이 있는 내담자다.

> **내담자:** 학교 가기 싫어요. 새로 친구를 잘 못 사귀거든요. 친구 사귀는 법 좀 알려 주세요.

① 새로 친구를 사귀려다 실패하면 기분이 안 좋죠. 나는 예전 친구들과 어울리는 게 더 좋은 것 같아요.
② 친구를 뭐 하려고 새로 사귀려 해요. 집에 있는 게 나은 것 같아요.
③ 새로운 친구를 만나기 전에 무슨 말로 인사를 시작할지 미리 생각해 보는 것이 내 경우엔 도움이 되었어요.

해설 ①번은 내담자가 궁금해하는 새로운 친구를 사귀는 방법에 대한 생각을 묵살하고 있다. ②번은 문제에 대한 가능한 해결책을 살펴보는 것을 가로막는 자기개방이다. ③번은 내담자가 자신의 불안감을 이겨 낼 적절한 방법들을 살펴보게 되므로 적절한 자기개방이다.

모범 답 ③

8. 부모님에게 말씀드리지 않고 유학을 가기로 혼자 결정한 후 찜찜해하는 내담자다.

> **내담자:** 엄마에게 말해 봐야 할 것 같아요. 오랫동안 생각은 했는데 이제 더 미루지 말고 의논드려야 할 것 같아요. 유학을 가기 위해서 준비해야 할 것도 많으니까요.

① 나도 대학원 생각을 해 오고 있는데 결정이 쉽지가 않았어요. 어려우실 거예요.

② 실제 일을 하는 것보다 걱정하는 게 더 힘들다고 생각해요. 걱정이 다른 일을 못하게 만드는 것 같아요.

③ 무슨 일이든지 미리 걱정하는 것이 문제입니다. 어떻게 해야 미리 걱정하는 법을 고칠 수 있을지 모르겠어요.

해설 ①번은 상담의 초점이 내담자에게서 상담자로 바뀌었다. ②번은 내담자의 논의 내용에 머물면서 관련된 자기 문제를 생각해 보게 하므로 적절한 자기개방이 될 수 있다. ③번은 상담자 문제로 논의 내용을 바꾸고 있으므로 내담자 상황보다 상담자 상황에 대한 이야기로 몰고 갈 가능성이 크다.

모범 답 ②

9. 배우자의 외도로 이혼을 결정한 내담자다.

> **내담자**: 이제 더 이상 참을 수 없어요. 이혼을 하기로 결심했어요. 제대로 된 결정이겠지요?

① 문제를 더 복잡하게 만들고 있군요. 나도 지금 비슷한 문제가 있는데 가족 생각도 해야 할 것 같아요.

② 상당히 스트레스를 받고 있겠네요. 여러 문제가 얽힌 복잡한 상황에 처했을 때 나는 나에게 가장 중요한 게 무엇인가에 초점을 맞추려고 노력해요. 모든 것을 다 만족시킬 수는 없을 테니까요.

③ 문제가 하나 생기면 줄줄이 다른 문제가 생기는 것 같아요. 왜 그런지 누가 설명 좀 해 주면 좋겠어요.

해설 ①번은 부적절한 자기개방으로 내담자의 주의를 산만하게 만든다. 내담자의 논의가 다른 쪽으로 가지 않도록 해야 한다. ②번은 논의 내용과 관련된 적절한 자기개방이므로 내담자가 자기 문제를 살펴볼 수 있을 것이다. ③번은 부적절한 자기개방으로 상담에서 적절하지 않다.

모범 답 ②

10. 남자친구와 헤어진 후 임신한 것을 알게 된 내담자다.

내담자: 임신 테스트를 해 봤는데 임신이 맞네요. 앞으로 어떻게 하면 좋을까요?

① 힘드시지요. 저는 가족과 함께 문제를 상의하는 게 중요하다고 생각해요.

② 힘들겠어요. 부모님과는 당연히 의논해 보셨죠?

③ 힘드시지요. 어머니에게만이라도 말하세요. 결국 아셔야 될 일이잖아요.

해설 ①번은 적절한 자기개방으로 내담자 상황을 이해하고 있음을 보여 준다. ②번은 유도질문으로 내담자에게 거의 도움이 안 된다. ③번은 내담자의 감정은 고려하지 않고 어머니에게 알리는 것에 초점을 맞춘 부적합한 충고이므로 내담자의 문제해결에 도움이 되지 않을 수 있다.

모범 답 ①

연습문제 III

● (1~10) 아래에 제시된 각 내담자의 상황이나 반응에 대해 상담자로서 적합한 자기개방 반응을 해 보시오.

1. 처음 상담실을 찾게 된 내담자가 상담자의 학력과 경력에 대해 알고자 한다.

내담자: 제가 처음 상담받게 되어서 궁금해서 그런데요, 선생님은 박사학위가 있으세요? 상담 경력이 어느 정도인지 알고 싶습니다.

자기개방 반응:

해설 첫 상담에서 흔히 발생할 수 있는 상황으로, 상담자는 자신의 경력과 이론적인 접근에 대해 솔직하게 개방하여 내담자에게 신뢰감을 주도록 한다.

모범 답 나는 상담심리학 박사이고, 초기에는 대학생들을 상담했습니다. 상담을 20년 동안 해 왔으며 인본주의 접근을 사용합니다.

2. 내담자는 시한부 판정을 받은 남편에 대한 치료를 포기하였다. 하지만 자신의 선택에 알 수 없는 죄책감을 느끼고 있다.

내담자: 선생님께서도 아시다시피 남편은 죽음을 받아들였어요. 남편은 죽음을 준비하고 있어요. 우리도 이 사실을 받아들였다고 생각해요. 더 이상 남편을 고통스럽게 하는 어떤 치료도 받게 하고 싶지 않아요.

자기개방 반응:

해설 상담자는 자기개방을 할 뿐만 아니라 내담자를 분명히 이해하고 있으며, 내담자를 비판하지 않는다는 사실을 아주 구체적으로 나타내도록 한다.

모범 답 당신은 남편을 매우 사랑하고 계시는 것 같아요. 당신은 이 결정이 남편을 포기하거나 치료과정에서 지쳐 버린 것이 아니라는 것을 이해받고 싶은 것 같네요. 저도 어머니가 돌아가실 때 비슷한 결정을 해야 했기 때문에 당신의 기분을 이해할 수 있어요. 저 역시 어머니가 고통받는 것을 원치 않았기 때문에 포기할 수밖에 없었음을 이해받고 싶었어요.

3. 내담자는 입사 초와 달리 회사 생활에서 업무가 과중됨에 따라 어려움을 느끼고 자신감을 잃어 가고 있다.

> **내담자:** 회사에 입사한 후 처음 2년 동안은 근무를 아주 잘 했는데 지금은 일하는 게 점점 어려워요. 제가 아무리 노력해도 어떤 업무도 결코 해 낼 수 없을 것처럼 느껴요.

자기개방 반응:

해설 상담자는 자기개방을 통하여 내담자에게 높은 수준의 공감을 하고, 내담자 입장에서 지지해 주는 반응을 하도록 한다.

모범 답 초심상담자였을 때 저 역시 아무 말도 할 수 없을지 모른다는 두려움 때문에 전신이 마비되는 것 같았어요. 내담자에 대해 어떠한 책임을 맡아야 하지는 않을까

겁이 나서 제 능력을 발휘하지 못했던 것 같아요. 제가 느끼기에는 당신도 그런 두려움을 경험하는 것 같네요.

4. 오빠가 나쁜 친구들과 어울려서 걱정을 하고 있는 중학생 내담자가 놀이터에서 오빠가 친구들과 본드를 흡입하는 것을 목격했다고 이야기한다.

내담자: 오빠가 놀이터에서 친구들과 본드하는 걸 우연히 봤어요. 제가 어떻게 해야 할까요? 엄마에게 말씀드려야 할까요, 모르는 척해야 할까요?

자기개방 반응:

해설 상담자가 사적인 이야기를 개방함으로써 내담자는 이해받는 느낌을 가질 수 있고 상담자에게 자기 문제를 털어놓기가 쉬워질 수 있다.

모범 답 걱정이 되겠군요. 저도 남동생이 사춘기 때 본드를 한다는 걸 알고 걱정이 많이 되었거든요. 어떻게 해야 할지를 모르겠는 당신의 심정이 이해가 돼요.

5. 성적도 좋지 않고 대인관계도 원만하지 않은 내담자가 자존감이 많이 떨어져 있는 상황이다. 미래에 대해서도 막연한 불안감을 가지고 있다.

내담자: 나는 공부도 못하고 학교에서는 왕따예요. 엄마조차 나를 부끄러워해요. 나는 어느 곳에서도 환영받지 못한 존재이고 대학도 못 갈 것 같고 결국에는 실패자가 될 수밖에 없을 것 같아요.

자기개방 반응:

해설 상담자도 내담자와 같은 실패 경험이 있지만 성공적인 결과로 끝났으며, 발달 과정에서 겪는 그러한 위기들이 정상적이라는 점을 말해 주어 내담자가 위기를 극복할 수 있도록 지지해 준다.

모범 답 저도 막막했던 때가 있었어요. 고등학교 2학년 때 친구들과 장난으로 남의 물건을 훔쳤다가 퇴학을 당했어요. 그때 저는 세상이 끝났다고 생각했죠. 엄마는 그 사실을 치욕으로 여겨서 이사까지 갔었어요. 하지만 세상은 끝나지 않았고 저는 대학도 무사히 졸업해서 지금 제가 원하는 일을 하고 있어요.

6. 오랫동안 가정폭력에 시달려 오던 내담자가 남편과 사별하게 되었지만 후련한 감정보다는 앞으로의 변화될 상황에 대한 막연한 두려움을 가지고 있다.

내담자: (눈물을 글썽이며) 술만 먹고 오면 때리던 남편이 죽고 나니 속이 시원해요. 원수 같은 인간 진작 좀 없어지지. 이제 좋은 일만 있을 거예요. 그렇죠, 선생님?

자기개방 반응:

해설 상담자의 자기개방을 통해 내담자는 상담자의 경험을 들음으로써 자신이 겪고 있는 감정에 대하여 폭넓은 이해를 할 수 있게 된다.

모범 답 저도 남편과 이혼했을 때 제가 옳은 결정을 한 것인지에 대하여 확신하지 못하고 불안했던 느낌을 기억해요. 앞으로 어떻게 해야 할지 정말 두려웠어요.

7. 아이를 낳을 형편이 되지 않아 낙태를 결정해야만 하는 내담자가 낙태 문제에 대한 혼란스러운 자신의 감정을 드러내고 있다.

내담자: 낙태를 하고 싶지는 않지만 아기를 낳을 형편이 못 되어서 혼란에 빠져 있어요. 사실은 낙태를 해야 한다는 생각이 들어요. 그런데 내게 온 생명을 죽인다고 생각하니 죄책감도 들고 너무 마음도 아프고 괴로워요.

자기개방 반응:

해설 상담자의 자기개방을 통해 내담자는 상담자의 경험을 들음으로써 자신이 겪고 있는 감정에 대하여 폭넓은 이해를 할 수 있게 된다.

모범 답 나도 유사한 경험이 있기 때문에 당신 마음을 알 것 같아요. 지금 당신이 얼마나 혼란스럽고 괴로울지 느껴지네요.

8. 평소 아버지와 사이가 좋지 않은 내담자가 아버지에 대한 부정적인 감정을 이야기하고 있다.

내담자: 아버지랑 마주치기만 해도 화가 나요. 밥 먹을 때 쩝쩝대는 소리도 싫고 화장실에서 볼일 보면서 문을 열어 놓는 것도 싫어요. 일단 아버지가 너무 싫어요.

자기개방 반응:

해설 상담자가 자기개방을 하게 되면 내담자는 상담자가 자신의 이야기를 경청하고 공감하고 있다는 느낌이 들어 이야기를 털어놓기가 훨씬 쉬워진다.

모범 답 저도 그 마음 이해합니다. 저도 저를 너무 힘들게 했던 어머니가 참 싫었어요. 어머니가 저를 힘들게 했기 때문에 어머니 발소리에도 신경이 곤두섰던 기억이 있어요.

9. 정리정돈을 하지 않고 자주 지각을 하는 자녀의 양육에 스트레스를 받고 있는 내담자다.

내담자: 오늘 아침에도 학교 가는 시간에 늑장 부리다가 또 지각했어요. 아이가 등교하고 나서 방에 들어가 보니 방이 엉망인 거예요. 정말 화가 나 죽겠어요. 아이가 학교 마치고 집에 왔을 때 좋게 이야기를 시작하다가도 폭발하는 것 같아요. 애가 어른이 되어서도 이럴까 봐 걱정돼요, 정말.

자기개방 반응:

해설 상담자가 자녀양육에 대한 비슷한 경험을 개방하면서 내담자는 자신의 행동에 대한 통찰을 하게 될 수 있고 다시 한 번 마음을 다잡을 수 있는 계기를 얻을 수 있다.

모범 답 속상한 마음을 이해합니다. 우리 아이도 그렇게 정리정돈을 못하더라고요. 옷 갈아입으면 옷이 그 자리에 그대로 있고 그랬는데, 제가 화를 내면서도 그걸 다 정리를 해 주고 있더라고요. 그래서 아이가 정리를 계속 안 하고 있구나 하는 생각이 들었습니다. 스스로 정리할 수 있도록 조금 기다려 줘야 한다는 걸 깨닫게 되었어요.

10. 결혼 전에는 직장 생활을 했지만 결혼 후 자녀양육으로 인하여 전업주부로 지내며 우울과 무기력을 호소하고 있는 내담자다.

내담자: 집에만 있는 제가 잉여인간 같아요. 애들이 학교 가고 나면 멍청하게 앉아 있다가 이게 뭔가 싶어요. 제가 예전처럼 다시 일을 시작할 수 있을까 생각하면 너무 막막합니다. 가끔 TV 보면 전업주부로 지내다가 다시 일을 시작해서 성공한 사람들이 나오는데, 나도 그럴 수 있을까 싶기도 해요.

자기개방 반응:

해설 경력 단절로 인하여 새로 일을 시작할 엄두가 나지 않는 내담자에게 상담자의 경험은 다시 시작해 볼 수 있는 용기를 줄 수 있다.

모범 답 충분히 잘하실 수 있으리라고 생각합니다. 저도 미대를 졸업하고 결혼 전에는 그쪽 일을 했지만 결혼 후 아이들 키우고 서른 넘은 나이에 대학원에 들어가서 상담 공부를 다시 시작했어요. 잠시 돌아가는 듯해도 길이 있는 것 같아요.

실습훈련

● 다음과 같이 자기개방 반응을 실습해 본다.

진행 방법

3명이 한 조가 되어 내담자, 상담자 및 관찰자 역할을 번갈아 가며 맡는다. 상담자가 내담자의 반응에 자기개방을 할 때 관찰자도 어떻게 개방화하는지를 잘 듣고, 자기개방을 잘 전달할 수 있도록 연습해 본다. 가능하면 각각의 상담을 녹음 · 녹화하여 토론하도록 한다.

• 상담자 역할

기초적 상담 기법과 섞어서 자기개방 기법을 연습해 본다.

• 내담자 역할

학업, 대학에서의 적응, 대인관계 등과 같은 평범한 문제를 이야기하거나 다음 역할 중 하나를 선택하여 연기해 본다. 상담자가 자기개방을 한 후에 내담자도 반응하도록 한다.

〈역할 활동을 위한 사례〉

사례 1: 시험 기간만 되면 공부가 하기 싫고 부모님과 다툼이 생기는 고등학생이 자신의 어려움에 대해서 말한다.

사례 2: 20대 여성이 남자친구의 일방적인 이별 선언 이후에 다른 사람이 자신을 비웃는 것 같아서 사회생활이 힘들다고 말한다.

사례 3: 자녀가 모두 성장하여 더 이상 자신이 필요 없는 존재라고 느끼는 50대 중년 여성이 늘 우울한 감정을 느낀다고 말한다.

• 관찰자 역할

녹음 · 녹화 장비를 작동시키면서 연습상담을 관찰하여 자기개방 실습 관찰지를 작성하고, 관찰 내용을 메모한다.

상담 후 토론

모든 참여자는 녹음 · 녹화된 상담 장면과 자기개방 실습 관찰지를 활용하여 각 상담이 어떻게 진행되었는지, 어떤 자기개방이 가장 유용했고 그 이유는 무엇인지, 어떤 어려움이 있었는지, 그리고 개선 방안은 무엇인지에 대해 토론한다.

자기개방 반응 실습 관찰지

소속: 이름:

• 관찰자는 상담실습 장면을 관찰하여 아래의 점검표를 작성하고 물음에 답하시오.

1. 다음 영역에 대한 상담자의 반응 점수에 ∨표를 하시오.
 (점수가 높을수록 효과적임을 의미한다.)

상담자 반응	1	2	3	4	5
비언어적 반응의 적절성					
논의의 일관성					
자기개방의 적절성					
다른 상담 반응의 적절성					

2. 자기개방의 초점이 내담자에게 있었는지 상담자에게 있었는지 살펴보시오.

3. 상담자 반응 중에서 보완할 점을 적어 보시오.

즉시성

8

인생에 있어서 우리에게 일어난 일을 어떻게 받아들일 것인지는
우리의 행복 및 불행과 중요한 관련이 있다.

–Carl Ferdinand von Humboldt–

학습목표

1. 즉시성의 의미를 이해하고 설명할 수 있다.
2. 내담자가 상담 중에 느끼고 있는 감정을 탐색할 수 있다.
3. 상담 장면에서 즉시성을 사용하여 내담자가 지금-여기에서의 감정을 자연스럽게 표현할 수 있다.
4. 상담 중의 관계 패턴이 밖에서의 활동에도 확대되어 내담자의 대인관계가 향상되도록 도울 수 있다.

즉시성은 내담자 행동에 대한 반응으로 상담자의 인식을 내담자에게 드러내는 방식이다. 즉, 즉시성은 상담자가 자신의 개인적 감정과 반응을 개방하여 내담자의 통찰을 돕는 방식이다(Hill, 2004). 즉시성을 통해 내담자는 대인관계에서 발생하는 갈등을 해결할 기회를 제공받을 수 있다.

즉시성은 내담자의 통찰을 돕기 위한 방식으로, 내담자에 대한 상담자의 개인적 감정과 반응을 개방하게 한다.

상담자가 즉시성 반응을 할 때는 내담자와의 관계에서 전문가적 입장을 취하기보다 가면을 쓰지 않고 있는 그대로의 자신을 나타내도록 해야 하며, 내담자에게 개방적이고 정직하게 표현하도록 해야 한다. 여기서의 개방은 상담자의 자기개방을 의미하는 것이 아니다. 상담자의 자기개방이란 내담자로부터 상담자가 느끼고 경험하는 것이 아닌 상담자 자신 속의 많은 느낌과 정보, 즉 상담자 자신과 삶을 노출하는 것이다. 자기개방과 비교해 본다면, 즉시성은 내담자에 대해 반응을 할 때 상담자가 아닌 내담자에 중점을 두어 반응하는 것이라고 볼 수 있다. 즉시성의 표현은 "당신이 그렇게 이야기하니 제 마음이 매우 아프군요" 처럼 주로 현재시제로 기술된다. 이에 비해 자기개방은 상담자 자신이 과거에 겪은 경험에 대해 언급하는 것으로, "저도 당신처럼 ~한 경우가 있었는데……" 와 같이 주로 과거시제로 기술된다. 이런 자기개방은 적당한 시기에 적절한 수준에서 비교적 간단하게 하는 것이 현명하다.

내담자에 따라 개인차가 있지만, 상담 초기에 아직 대인관계 역동을 '지금-여기에서'의 차원에서 다룰 준비가 되어 있지 않은 내담자에게는 즉시성 반응이 위협적이고 불안하게 경험될 수 있다. 따라서 고도의 주의와 기술 그리고 상담자의 민감성이 요구된다.

상담 분위기를 형성하는 요소 중 하나인 즉시성은 내담자와의 상담관계를 형성하는 데 중요한 역할을 하며, 상담결과에도 많은 영향을 미친다. 상담자가 내담자와 관련된 자신의 생각이나 감정을 솔직하게 개방할 때, 내담자는 상담자를 보다 인간적으로 가깝게 느끼고, 스스로를 솔직하게 표현하게 되어 상담관계가 한층 깊어질 수 있다.

1. 즉시성 반응의 필요성

즉시성 반응을 통해 내담자는 상담자에 대한 신뢰감을 향상시킬 수 있고, 상담자는 전문가적 입장에서 벗어나 내담자에게 인간적이고 진솔한 반응을 함으로써 신뢰관계를 만들 수 있다(Egan, 2002).

상담자는 즉시적인 반응을 통해 의사소통을 명확하게 할 수 있고, 치료관계의 질을 증진시킬 수 있다.

의사소통의 명확성을 증가시켜 치료관계의 질을 증진함 대부분의 내담자는 상담을 통해 자신의 어려움이나 문제가 해결되기를 바라면서도 동시에 상담자에 대한 신뢰의 문제나 자신의 문제를 드러낼 때 재경험하게 되는 불안 및 수치심 때문에 솔직한 자기 모습을 드러내기 어려워한다. 이런 경향에 따라 상담과정에서 내담자는 직접적인 의사소통을 피하면서 보다 은밀하고 비언어적인 방식으로 자신의 어려움을 표현하게 되는 경우가 많다. 즉시성은 이러한 은밀한 의사소통을 보다 직접적이고 분명하게 드러나게 함으로써 상호 불필요한 오해나 왜곡, 불확실함 그리고 자신이 원하는 것을 얻기 위해 상담자를 조종하려는 경향을 줄일 수 있다.

치료관계에서 발생하는 대인관계적 갈등의 해결 기회를 제공함 상담자는 상담에 대한 내담자의 저항 신호를 확인하고, 내담자에 의해 유발된 상담자 자신의 감정이나 행동 경향을 살펴보아야 한다

(Brems, 2005). 일단 상담자와 내담자 간에 벌어지고 있는 상호작용 양상을 객관적으로 볼 수 있게 되면, 상담자는 내담자로 인해 유발된 감정을 공개하면서 현재의 대인관계 양상을 주제로 즉시성을 시도할 수 있다. 상담자가 저항하는 내담자를 비난하지 않고 현재의 상호관계에서 일어나는 현상을 언급하며 저항을 보이는 행동의 동기를 조심스럽게 탐색하는 즉시성을 사용한다면, 내담자는 자신이 상담에 대해 저항하고 있다는 점을 자각하고 이를 상담자와 함께 검토하여 자신을 보다 깊게 이해하는 기회로 삼을 수 있다. 또한 이런 방식을 통해 내담자는 자신의 불만이나 갈등을 공개적으로 논의할 수 있으며, 직접적 의사소통 과정을 통해 해결할 수 있다는 사실을 경험적으로 학습할 기회를 얻게 된다.

상담자는 내담자의 즉각적인 순간의 감정을 파악하여 관계적 갈등을 해결하는 데 도움을 얻는다.

내담자의 대인관계 방식에 대한 이해를 도움 내담자는 대인관계에서 문제가 되는 자신의 역기능적 행동을 유지하기 위해 상대방의 반응을 필요로 한다. 즉시성과 같은 현재의 상호작용에 대한 직접적 의사소통은 내담자로 하여금 자신의 역기능적 대인관계 방식이 어떠한 상황에서 발생하고, 어떻게 표현되며, 그 결과가 무엇인지를 자각하고 이해하도록 도울 수 있다. 이 과정에서 내담자는 상담자와의 상호작용 속에서 생생한 대인관계적 경험을 하게 되며, 이것은 자신의 문제에 대한 통찰과 변화를 돕는 강력한 수단이 될 수 있다.

중요하고 깊은 탐색 주제를 도출함 상담관계에 생동감이 없거나 상담이 방향성을 잃어 핵심적인 주제를 파악할 수 없는 경우에 상담은 진전되지 않으며, 상담관계도 위기에 봉착하게 될 것이다. 이때 만약 상담자가 즉시성을 통해 그러한 현상 자체를 상담의 주

상담자는 즉시성을 통해 내담자의 저항 자체에 초점을 맞추고 핵심문제를 파악할 수 있다.

제로 초점화할 수 있다면, 내담자는 자신의 저항을 자각하게 되고, 그러한 저항의 이유를 탐색하는 과정을 통해 상담에서 다루어야 할 보다 중요한 대인관계적 갈등이나 문제를 드러낼 수 있게 된다.

2. 즉시성의 적용

즉시성 반응을 할 때는 내담자의 개방적인 감정 표현에 방어적으로 반응하지 않도록 상담자가 충분한 자기신뢰와 자기이해를 가져야 한다. 내담자에게 직접적으로 반응해야 하므로 기술만큼이나 용기도 필요하다(Hill & O'Brien, 2001).

내담자에게 집중하기 상담자는 내담자의 말을 주의 깊게 경청하고, 내담자의 반응에 주의를 기울여 내담자의 의식적·무의식적 요구에 반응하도록 한다.

상담자는 내담자에게서 느껴지는 스스로의 감정을 파악하고 자각하여 무의식적으로 나오는 자동적인 반응을 멈추도록 한다. 상담자 자신을 도구로 보면서 자신이 내담자에게 어떻게 반응하는지를 파악한다. 상담자는 내담자의 행동이나 반응에 대하여 비난하는 것이 아니라 내담자가 왜 그러한 행동을 하게 되는지에 관심을 가져야 한다.

의도 파악하기 상담자는 내담자에게 자신의 문제를 투사하는 것이거나 자신의 욕구에 의한 것이 아님을 분명히 해야 하고, 이로 인해 내담자에 대한 즉시성 반응이 방해받지 않도록 주의해야 한다. 따라서 상담자는 상담장면에서 내담자의 행동에 대한 충분한 정보를 가지고 이를 파악할 필요가 있으며, 자신의 어떠한 문제에 의해 감정이 촉발되는지를 스스로 평가해야 한다. 또한 상담자와 내담자의 관계가 직접적인 의사소통을 버틸 만큼 견고한지도 평가해야 한다.

즉시성 사용하기 상담자는 내담자와의 상호작용에서 내담자에게 직접적으로 말하여 즉시성을 사용한다. 이때 상담자는 자신의 감정에 대하여 적절한 책임을 져야 한다. 내담자는 상담자가 솔직히 인정하고 책임질 때 더 쉽게 자신의 행동을 이해할 수 있다.

내담자의 무의식적 반응에 집중하고 의도를 파악하여 즉시성을 사용한 후, 내담자의 반응을 확인한다.

상담자가 내담자와의 관계에서 자신의 역할을 인식할 때, 상담자는 내담자의 행동에 대한 다른 사람의 피드백을 모으도록 내담자에게 권하고, 그로써 내담자는 다른 사람에게 자신의 행동이 어떻게 지각되는지를 알게 된다. 이 과정을 통해 내담자는 스스로 어떻게 행동할 것인지를 선택함으로써 변화 방향을 결정할 수 있다.

상호작용 처리하기 상담자는 내담자에게 즉시성 반응을 하고 나서 내담자의 반응을 확인하도록 한다. 상담은 쌍방향 작용이므로, 상담자는 내담자에게서 피드백과 반응을 얻어야 한다. 그러나 한편으로는 전이에 의해서 피드백이 왜곡될 수 있으므로 잘 살펴보아야 한다. 상담자는 어떤 피드백이 행동과 순수하게 관련된 것인지, 어떤 피드백이 전이와 관련된 것인지를 파악할 수 있어야 한다.

〈표 8-1〉 즉시성 표현 형식별 예시

표현 형식	예시
당신이 ~라고 하니 ~하네요. 당신의 의도가 ~인가요?	당신이 계속 섹스에 대한 이야기를 하니 불편하네요. 당신의 의도는 그것에 대해 나와 이야기를 하고자 하는 것인가요?

당신이 ~라고 하니 ~ 기분이 드는군요. 내가 말한 것에 당신은 어떻게 느끼나요?	계속 격양된 목소리로 저를 비난하시니 공격받는 기분이 듭니다. 내가 공격받는 것 같다고 하는 것에 대해 어떻게 느끼시나요?
당신은 ~하는 것 같네요. ~에 대해 ~한 것처럼 보이는군요.	당신은 했던 말에 대해 해명을 하는 것 같네요. 자신이 한 말에 책임을 지기 힘드신 것처럼 보이네요.

3. 즉시성 적용의 어려움

초보상담자는 즉시성을 사용하면 내담자를 화나게 만들어 치료관계를 망치게 될까 봐 두려워한다. 실제로 내담자는 상담자가 자신의 부적절한 행동에 대해 반응을 할 때 종종 화를 내기도 한다. 하지만 내담자의 이런 반응이 두려워 즉시성 반응으로 중재하지 않는다면 해당 내담자는 상담자에게서 가치 있는 피드백을 받을 수 없게 된다.

내담자와의 치료관계를 고려해 즉시성을 회피하고, 개방된 의사소통을 하는 것에 어려움을 느끼는 상담자는 진실하게 내담자를 대할 필요가 있다.

그 외에도 상담자가 자신의 감정을 믿지 못하는 경우도 있다. 즉, 자신의 반응에 대해 확신이 없거나 내담자에게 자신의 감정을 적절히 전달하는 것을 어려워하기도 한다. 어떤 상담자는 솔직하고 직접적으로 피드백하는 것이 두렵기 때문에 즉시성을 회피하기도 한다. 그러한 상담자는 직면한 감정을 공유하는 것을 자신의 약점을 드러내는 것으로 받아들이기 때문에 개방된 의사소통을 하는 것에 어려움을 느낀다. 또한 개방적으로 표현하게 되면 대인관계에서 충돌이 일어날 수 있다고 생각함으로써 불안을 느끼기도 한다.

문제를 다루는 데 익숙하지 않은 대부분의 상담자는 부정적인 감정을 표현하는 대신 내담자의 비위를 맞춰 주거나 표면적인 문제만을 다루려고 한다. 하지만 개인상담에서는 내담자가 자신의 문제를 이해하도록 도울 수 있는 기회를 제공해야 하므로, 상담자는 진실하게 내담자를 대해야 한다.

TIP 효과적인 즉시성

1. 상담자는 자신 속에서 일어나는 감정과 생각을 평소에도 순간순간 확실하게 자각하도록 연습한다.
2. 상담자는 자각한 것을 솔직하게 개방하는 것이 상담관계에 도움이 되는지 판단해 본다.
3. 상담관계에 도움이 되는 즉시성 반응이라면, 상담자는 표현을 회피하지 않고 내담자에게 개방적이면서 정직하게 표현하도록 노력한다.
4. 상담자는 전형적인 역할 행동을 피하면서 건설적인 방법으로 자신의 감정과 생각을 개방한다(당신의 ~를 보니 내 마음이 ~하군요).
5. 상담자는 내담자와의 관계에서 통제되지 않은 우연한 행동은 하지 않는다.
6. 상담자는 자신의 가치와 행동, 자신이 생각하고 느끼는 것 그리고 말하는 것 사이의 불일치를 피하고 그것이 일치되도록 한다.

연습문제 I

● **다음의 즉시성 기법에 대한 설명이 맞으면 ○, 틀리면 × 표시하시오.**

설명	○ / ×
1. 즉시성은 지금-여기에서 일어나는 일에 초점을 둔다.	
2. 상담자가 감정을 전달하면 내담자도 감정을 인식하기가 쉬워진다.	
3. 즉시성 반응을 할 때 상담자는 전문가적 입장에서 할 수 있도록 한다.	
4. 상담자에 대한 내담자의 신뢰감을 촉진시키기 위한 방법으로 즉시성 반응을 활용한다.	
5. 즉시성 기술로 내담자의 대인관계가 향상된다.	
6. 두 사람 사이의 치료관계에 대한 신뢰 문제를 언급하면 관계가 손상될 수 있다.	
7. 상담자가 즉각적인 감정을 전달하려면 내담자의 말뿐만 아니라 그 말에 대한 자신의 반응까지 의식해야 한다.	
8. 상담자가 즉시성 반응으로 감정을 전달하게 되면, 내담자도 감정을 논의하기가 용이해진다.	
9. 대부분의 내담자는 즉시성 반응에 대해서 아주 호의적이다.	
10. 즉시성 반응을 할 때 상담자는 내담자와의 관계가 직접적인 의사소통을 견디어 낼 만큼 강한지를 점검할 필요가 있다.	

모범 답 1. ○ 2. ○ 3. × 4. ○ 5. ○ 6. × 7. ○ 8. ○ 9. × 10. ○

연습문제 II

● (1~10) 다음 문제에 제시된 내담자 반응에 대한 상담자의 즉시성 반응으로 가장 알맞은 것을 고르시오.

1. 상담이 상당히 진행이 되었지만, 초기와 달리 진전 없이 정체되어 있는 상황에서 내담자가 답답함을 호소하고 있다.

내담자: 저는 요즘 상담하면서 자꾸 답답해져요. 마치 집에서 엄마랑 있을 때처럼요.

① 당신이 답답하다고 하니, 제가 당신 어머니처럼 행동했을 것 같은 생각이 드네요. 저 스스로도 아쉽기는 하지만 솔직히 이야기해 줘서 고마워요.
② 이 상담이 어머니와 있을 때처럼 당신을 답답하게 만드는 것 같네요.
③ 상담을 한다고 늘 기분이 좋을 수는 없지요. 답답해지는 게 당연한 감정일 수 있어요.

해설 ①번은 내담자의 말을 있는 그대로 받아들이고 상담자의 진솔한 마음도 전하여 내담자가 상담자를 신뢰할 수 있도록 감정을 개방하고 있다. ②번은 내담자의 답답한 마음을 형식적으로만 받아들여 내담자가 더 답답해질 수 있다. ③번은 내담자의 답답함을 일반적인 것으로 만들어 탐색할 기회를 놓치게 한다.

모범 답 ①

2. 상담을 처음 접하게 되는 내담자가 변화에 대한 불안감을 상담자에 대한 불신감으로 표현하고 있다.

내담자: 상담한다고 제가 달라질 수 있을지 의심이 돼요. 선생님이 별로 믿음이 안 가요.

① 상담에 대한 기대가 컸던 것 같군요.
② 제가 별로 믿음이 가지 않아서 당신을 제대로 상담해 줄 수 없을 것 같은가 보네요.

당신의 말을 들으니 당황스럽기도 하지만, 저의 어떤 점 때문인지 궁금하네요.

③ 당신은 제 능력에 대해서 의심하는 것 같네요. 왠지 불쾌해지고 섭섭해집니다.

해설 ①번은 내담자가 가질 수 있는 기대를 내담자 몫으로 돌리고 있으므로 적절하지 않다. ②번은 내담자의 불안에 대한 감정을 상담자가 솔직하게 드러내고, 내담자가 그 감정을 탐색할 수 있도록 하는 적절한 즉시성 반응이다. ③번은 상담자에게 초점을 맞추어 상담에 도움이 되지 않는 감정 표현이다.

모범 답 ②

3. 상담자와의 치료관계에 대한 불안을 호소하고 있는 내담자다.

> **내담자:** 자꾸 터무니없는 생각이 떠올라 밤에 잠이 안 와요. 무슨 생각이냐고 물으셔도 대답할 수가 없어요. 선생님하고 잘 지내 왔는데 그 이야기를 하면 아마 저를 다시는 안 보고 싶어 하실 것 같아요.

① 그건 당신 생각이죠. 말씀해 보세요.

② 우리가 좋은 관계를 맺어 왔다고 하시면서도 말씀은 못 하시는 걸 보니 실망스럽네요.

③ 그 생각을 말하면 지금의 관계가 변화될까 봐 두려워하는 것 같네요. 저라도 좋은 관계가 변화될 수 있다는 생각이 든다면 말하기가 어려울 것 같아요.

해설 ①번은 내담자의 불안을 전혀 고려하지 않아 이야기를 이끌어 낼 수 없다. ②번은 내담자에게 창피를 주어 말하게 만들려는 것으로 내담자의 죄책감과 방어를 이끌어 낼 수 있다. ③번은 상담의 관계가 변화될까 봐 불안해하는 내담자의 현재 감정에 대하여 상담자가 개방하고 있어, 향후 편안하게 논의할 수 있을 것이다.

모범 답 ③

4. 지적장애를 지닌 첫째 아이가 있고, 둘째를 임신하고 있는 내담자인데 산부인과에서 둘째도 장애가 의심된다며 낙태를 권유하여 갈등 중에 있다.

내담자: 첫째 아이가 지적장애에요. 그런데 의사가 뱃속에 있는 아이도 장애가 있는 것 같다고 낙태를 고려해 보라고 했어요. 의사야 그렇게 쉽게 말할 수 있겠지만, 저는 결정하기가 어려워요. 장애 아이 두 명을 키운다는 게 힘들다는 걸 알아요. 낙태를 하는 게 더 나을지…… 저도 잘 모르겠어요.

① 장애가 있는 아이 둘을 기르는 것은 힘든 일이지요. 의사의 말을 귀담아들을 필요가 있을 것 같아요.

② 낙태는 생명을 죽이는 일입니다. 잘 생각하고 결정하세요.

③ 어려운 결정에 대한 이야기를 들으니 저도 정말 걱정이 되네요. 고민이 많이 되시겠지만, 신중히 결정하셨으면 좋겠어요.

해설 ①번은 갈등 중에 있는 내담자의 마음을 깊이 공감하지 못하고 상담자가 성급히 자신의 의견을 제시하고 있어서 적절치 않다. ②번은 상담자가 낙태에 대한 개인적인 편견과 감정으로 인하여 내담자의 불편한 감정에 초점을 맞추지 못하고 있다. ③번은 현재 내담자가 느끼고 있을 갈등에 대해 상담자가 편견 없이 자신의 감정을 진술하게 개방하고 있는 적절한 즉시성 반응이다.

모범 답 ③

5. 언니와 같은 방을 쓰고 있는 내담자가 언니와의 관계에 대한 불편함을 호소하고 있다.

내담자: 언니 때문에 미치겠어요. 내가 잠자려고 할 때마다 방문을 '쾅' 하고 닫거나 음악을 듣고, 아니면 남자친구와 통화를 해요. 언니에게 한마디 해 주고 싶은데 말하기는 겁나요.

① 상대방을 배려하지 않는 행동에 대해서는 저도 불쾌해질 것 같아요. 언니에게 말하고 싶지만, 언니가 어떻게 받아들일지 몰라 두려워하는 것 같네요.

② 이번 기회에 언니에게 한번 말해 보도록 해요. 자꾸 말을 못하니 언니가 무시한다는 생각이 들어요.

③ 말하기가 겁난다면 이 상황을 견뎌야겠지요.

해설 ①번은 상담자가 자신의 감정에 대한 개방을 통해 내담자를 공감하고, 내담자가 그 자신의 감정을 인식할 수 있도록 한다. ②번은 내담자와 언니에 대한 깊은 탐색 없이 나오게 된 적절치 않은 반응이다. ③번은 불편해하는 내담자의 감정을 무시하고 있다.

모범 답 ①

6. 학교에서 은근한 따돌림을 받고 심리적으로 위축되어 있는 내담자다.

> **내담자**: 학교를 자퇴하고 싶어요. 아무도 내 말을 들으려 하지 않고, 애들은 다 얼간이 같아요. 난 왜 학교를 다녀야 하는지 모르겠고, 아무 도움도 되지 않는 선생님도 멍청이 같아요.

① 내가 했던 어떤 말이 멍청이 같았는지 궁금하구나.

② 선생님한테 그게 무슨 태도야? 예의를 갖춰서 이야기하도록 해.

③ 내가 너라면 아무도 위로해 주지 않는 것 같아서 두려울 것 같다. 하지만 나를 공격하는 것 같아서 화가 나고 속상하기도 하네. 네 불만과 분노를 나에게 터뜨리는 것처럼 느껴져.

해설 ①번은 내담자가 원하는 논의 내용에서 벗어나는 반응이다. ②번은 내담자의 심리적 상태를 전혀 고려하지 않고 상담자의 불편한 마음만을 토로한 미숙한 반응이다. ③번은 상담자의 감정에 대한 개방을 통해 내담자를 공감하고, 내담자가 자신의 감정을 인식할 수 있도록 한다.

모범 답 ③

7. 내담자의 문제와 관련하여 상담자가 중요한 자료를 가져오도록 요청하였지만, 내담자가 계속 잊고 가져오지 않는다.

내담자: 죄송해요. 제가 또 깜빡하고 집에 두고 왔네요. 다음 주엔 정말 꼭 가지고 올게요. 정말 죄송합니다.

① 오늘은 안 가지고 오셨으니 할 수 없죠. 다음 주에 꼭 가지고 오세요.
② 또 안 가지고 오셨다니 제가 좀 난감하네요. 그 자료가 없으면 오늘 상담에서 진척되는 상황을 파악하기가 곤란합니다.
③ 계속 이런 식이면 정말 곤란합니다. 이렇게 말을 안 듣는 내담자들 때문에 제가 정말 힘듭니다.

해설 ① 내담자 행동에 변화를 가져오기 위해서는 상담자의 감정 전달이 필요하다. 상담자와 내담자 간의 솔직한 관계를 형성하도록 노력해야 한다. ②번은 내담자한테 도움이 될 수 있는 방식으로 상담자가 적절하게 감정을 개방하여 전달하고 있다. ③번은 내담자에 대한 분노뿐만 아니라 다른 내담자들에게 쌓였던 분노감까지 표출하고 있는데, 내담자에게 도움이 되지 않는다.

모범 답 ②

8. 아들이 품행장애가 있어서 내방하게 되었던 내담자가 아들의 상태가 호전되어 상담자에게 고마움을 표현하고 있다.

내담자: 상담받으러 오길 정말 잘한 것 같아요. 처음에 센터에 올 때는 절망적으로 느껴졌던 아이 때문에 암담했는데, 지금은 학교생활도 잘 하고 아무 문제가 없어요. 이게 다 선생님 덕분입니다. 제가 어떻게 감사를 드려야 할지 모르겠습니다.

① (편안한 자세로 따뜻하게 바라보며) 그렇게 말씀해 주시니 저도 참 기쁩니다.
② (상대를 똑바로 쳐다보며) 저는 아무것도 하지 않았습니다. 다 당신이 스스로 해 낸 일이지요.

③ (안절부절못하며 다른 곳으로 눈길을 돌린다) 그 말씀을 들으니…… 저도 좋기는 하네요.

해설 ①번은 비언어적 표현과 말한 내용이 일치하고, 상담자가 기분 좋다는 반응을 적절히 전달하고 있다. ②번은 상담자가 긍정적인 피드백에 대해 거북해져서 상대방의 말이 틀렸다고 반응함으로써 긍정적인 감정을 표현할 수 있는 내담자의 권리를 빼앗게 되었다. ③번은 비언어적 표현과 말한 내용이 일치하지 않아서 내담자를 헛갈리게 하거나 당혹스럽게 만들 수 있다.

모범 답 ①

9. 남편이 사망한 후 경제적인 어려움으로 구직 중에 있던 내담자가 직장을 구하게 되었다.

> 내담자: 제가 직장을 구했어요, 구했다고요! 선생님께 제일 먼저 말씀드리고 싶었어요. 제가 정말 일자리를 구했어요. 월요일부터 시작하게 되었어요. 정말 잘 되었지요?

① 진짜 안심이 됩니다. 상황이 나아지지가 않아서 고민이 되기 시작했거든요.
② 직업을 구하실 수 있으실 거라고는 생각 못했는데 의외네요.
③ 정말 잘 되었습니다. 저도 정말 기쁘네요. 제일 좋은 소식 같아요.

해설 ①번은 내담자가 알려 준 기쁜 소식에 부정적인 감정을 표현하는 것으로 신뢰적 관계 형성에 도움이 되지 않는다. ②번은 솔직한 감정 전달이기는 하지만, 내담자가 자신을 깔보는 말로 받아들일 수 있으므로 조심해야 한다. ③번에서 제일 좋은 소식 같다는 표현은 두 사람의 관계가 좋다는 것을 보여 주고, 이런 긍정적 감정 전달은 그 관계를 더욱 좋게 만들 수 있다.

모범 답 ③

10. 남편에 대한 비난을 여러 차례 했던 내담자가 현재 부부관계가 개선되면서 예전에 남편에 대해 했던 말들에 대한 죄책감을 느끼고 있다.

내담자: 제가 저번 주까지 말한 것 때문에 분명 제 남편에 대해 나쁜 인상을 갖고 계실 것 같은데요. 실은 제 남편은 아주 좋은 사람이에요. 제 남편에 대해 오해를 하지 말아 주셨으면 좋겠어요.

① 그럼요, 저도 분명 좋은 분일 거라고 생각하고 있었습니다.

② 자주 했던 말에 대한 해명을 하고 싶으신가 보네요. 한 말에 대한 책임을 지기 힘드신 것처럼 보이네요.

③ 남편에 대해 이제 좋은 감정을 가지고 계신 것 같네요.

해설 ①번은 내담자의 비위는 맞출 수 있지만 내담자의 솔직하고 직접적인 의사소통 능력은 향상시키지 못한다. ②번은 평소 내담자가 말하는 습관에 대한 피드백을 주며 표현 방식에 대한 자기 책임을 다시 생각해 보게 한다. ③번은 내담자가 말한 내용에 초점을 두면서 자기 말과 감정에 책임을 지지 않는 내담자의 행동을 강화하고 있다.

모범 답 ②

연습문제 III

● **(1~10) 아래에 제시된 각 내담자의 상황이나 반응에 대해 상담자로서 적합한 즉시성 반응을 해 보시오.**

1. 상담과정 중에 내담자가 느닷없이 더 이상 아무 말도 하고 싶지 않다고 하며 입을 닫아 버리는 상황이다.

내담자: 갑자기 기운이 쑥 빠지네요. 더 이상 아무 말도 하고 싶지 않아요.

즉시성 반응:

해설 상담자는 내담자의 반응에 당황하지 말고, 지금 그대로의 감정을 솔직하게 개방하면서 내담자가 현재 느끼고 있는 불편함을 찾을 수 있도록 한다.

모범 답 말해 봐야 소용없다거나 불쾌한 감정을 느끼신 것 같네요. 혹시 저나 이 상담이 당신에게 그런 감정을 느끼도록 한 것은 아닌지 궁금하군요.

2. 내담자는 딴 생각으로 상담자에게 전혀 관심을 기울이지 않는 것을 반복하고 있고, 같은 질문이 되풀이되고 있다.

내담자: 네? 방금 뭐라고 하셨어요? 못 들었어요. 다시 한 번 말씀해 주세요.

즉시성 반응:

해설 상담자는 내담자의 행동에서 느낀 자신의 부정적인 감정과 관련하여 내담자를 탓하는 식이 아니고, 내담자가 듣고 있지 않는 것 같아서 기분이 안 좋고 이야기하고 싶지 않다는 나-메시지를 사용해 적절한 즉시성 반응을 보여 주도록 한다.

모범 답 이야기에 관심이 없고, 다른 생각을 하는 것 같군요. 솔직히 말해서 나는 열심히 이야기하고 있는데 안 듣고 있는 것 같아 기분이 좀 안 좋고 별로 이야기하고 싶지가 않네요.

3. 반에서 성적이 중간 정도인 고3 학생이 여전히 공부는 안 하면서 일류 대학에 가겠다고 한다.

내담자: 선생님, 전 꼭 일류 대학에 들어갈 겁니다. 가능하겠지요? 열심히 하면은요, 네? 선생님은 어떻게 생각하세요?

즉시성 반응:

해설 일류 대학에 가고 싶은 내담자의 마음을 일단 헤아려 주면서 솔직하게 그 성적으로 일류 대학에 가는 것은 어려울 수 있기 때문에 안타깝다는 상담자의 느낌을 적절하게 전달하도록 한다.

모범 답 지금부터라도 열심히 해서 일류 대학에 꼭 가고 싶은 마음은 이해가 된다. 그런데 내가 보기에 지금 네 성적으로는 힘들 것 같아 안타깝다. 이에 대해 너는 어떻게 생각하니?

4. 내담자가 자신의 잘못을 인정하지 않고 계속 남 탓을 하며 억울해하고 있다.

내담자: 전 잘못한 게 하나도 없다고요. 시켜서 한 것뿐인데, 왜들 나만 가지고 그러는지…….

즉시성 반응:

해설 상담자는 내담자에게서 느껴지는 부정적인 마음을 솔직하게 적절히 표현하도록 한다. 또한 상담자는 내담자에게 부정적인 감정도 그대로 표현하여 내담자의 자기탐색을 촉진시키도록 한다.

모범 답 제가 보기에 당신은 자신의 책임을 자꾸 남에게 돌리는 것 같아 좀 솔직하지 않아 보이고, 그래서 제 기분이 좀 언짢네요.

5. 두 번째 상담시간이 별 진전이 없어 석연찮게 상담이 종료되고 있다.

내담자: 선생님, 뭔가 해결이 될 것도 같습니다. 그동안 짧은 시간이었지만, 제 이야기를 들어 주셔서 고맙습니다.

즉시성 반응:

해설 상담자에 대해 느끼는 부정적인 감정을 내담자가 솔직하게 말해 주지 않아 서운하다고 적절하게 반응을 하도록 한다. 단, 상담자는 내담자에 대한 부정적인 느낌을 표현할 때 내담자가 그것을 최대한 수용할 수 있도록 먼저 이해해 주고 내담자를 일방적으로 탓하는 식이 아닌 '당신의 ~를 보니 내가 ~하다'는 식의 반응을 하도록 한다.

모범 답 뭔가 해결이 된다는 것은 좋은 일이지만, 글쎄요……. 아직 우리가 두 번밖에 만나지 않았고, 당신에게 아무런 도움이 된 것 같지도 않은데요. 당신이 솔직하게 말하지 않는 것처럼 느껴지고 그냥 예의상 하는 말인 것 같아 좀 서운하네요.

6. 자신만 생각하고 다른 사람의 사정은 생각해 주지 않는 내담자다.

내담자: 저는 저대로 공부도 해야 하고 친구도 만나야 하고 학원에도 가야 하고 굉장히 바쁜데, 어머닌 집안일 안 도와준다고 항상 꾸중하시거든요. 정말 화가 나요.

즉시성 반응:

해설 상담자는 먼저 내담자의 바쁜 상황에 대해 이해를 해 주고, 내담자를 탓하는 식이 아닌 방식으로 상담자의 관점을 솔직하게 전달하도록 한다. 상담자는 내담자에 대해서 자신의 느낌과 일치하는 반응을 하되, 그것을 전달하는 데 내담자가 잘 수용할 수 있도록 한다.

모범 답 당신은 굉장히 바쁘겠군요. 그런데 제가 보기에는 자신을 위한 일로만 바쁘고 어머니의 사정은 전혀 생각해 주지 않는 것 같아 아직 철이 없어 보이기도 하네요.

7. 내담자가 이야기하는 내용과 비언어적인 메시지가 일치하지 않고 있다.

내담자: 오늘 무슨 말부터 해야 할지 모르겠네요. (잠시 중단한 후 창밖을 흘끗 내다본다.) 집 구하는 문제에 대해 남편과 이야기했어요. (창밖을 흘끗 내다본다.) 한참을 이야기했어요. (바닥을 내려다본다.) 이야기는 잘 된 것 같아요.

즉시성 반응:

해설 상담자는 내담자가 느끼는 불편한 감정을 솔직하게 전달하여 내담자가 그 감정을 이야기하고 그 의미를 살펴볼 수 있도록 한다.

모범 답 이야기가 잘 되었다고 말씀은 하시는데, 저에게 말하는 게 힘든 것처럼 느껴지고 조바심이 나는 것처럼 보이네요.

8. 상담의 종결이 다가오는 시점에서 내담자가 상담자와의 헤어짐에 대한 불안한 감정을 상담자를 향한 호의적인 반응으로 숨기고 있다.

> **내담자:** 선생님께서 제게 친절하게 대해 주셔서 감사드려요. 상담실에 오면 선생님을 만날 수 있다고 생각하니 학교 오는 게 예전만큼 힘들지 않아요. 선생님은 마치 우리 엄마 같아요. 저는 선생님이 좋아요.

즉시성 반응:

해설 상담자가 적절하게 감정을 개방하여 치료관계를 형성하고, 앞으로의 생활에서도 상담자가 도움을 줄 수 있음을 알려 주어 내담자가 안심할 수 있도록 한다.

모범 답 나는 네가 안정감을 느끼고 학교에 잘 적응하도록 도울 수 있어서 기쁘단다. 나 또한 네가 좋으며, 네가 앞으로도 학교에 편안하게 다닐 수 있도록 계속 도울 예정이야.

9. 지나치게 상담자의 사생활에 대해서 캐묻는 내담자다.

> **내담자:** 선생님은 애인 있으세요? 애인이랑 데이트할 때 주로 어디로 가세요?

즉시성 반응:

해설 상담실 외의 대인관계에서도 사생활에 대해서 지나치게 묻는 것은 상대방에게 부담감을 줄 수 있다는 것을 교육할 수 있다.

모범 답 저에 대해서 관심이 많아 보이네요. 저에 대하여 호감을 가져 주는 것은 고맙지만, 매번 제 사생활에 대해 지나치게 관심을 보이는 것 같아 부담스럽기도 합니다.

10. 내담자와 동행한 5세 아이가 상담 진행 중에 상담실에 갑자기 들어와서 상담자가 아이를 상담실 밖으로 내보낸 상황이다.

> **내담자:** 내가 해결할 수 있는 일에 대해서 왜 자꾸 참견하세요. 나 혼자 힘으로도 아이를 잘 다룰 수 있다고 생각해요. 아이가 떠들고 돌아다니는 것을 나도 알고 있어요. 나는 아이 스스로 깨달아서 그렇게 하지 않을 때까지 기다리고 있었던 것일 뿐이에요.

즉시성 반응:

해설 상담자는 구체적인 용어로 자기 자신을 개방한다. 상담자는 내담자와 똑같은 종류의 경험을 했다는 것과 자신의 개인적인 관심으로부터 내담자를 분리시키지 않고, 자신의 감정을 솔직하게 표현하여 내담자가 신뢰할 수 있도록 한다.

모범 답 당신이 화를 내고 있다는 것을 알겠어요. 다른 사람들이 내가 할 수 있는 일에 참견하고 방해를 했을 때 나 역시 당신처럼 화를 냈어요. 당신이 아이 앞에서 아무 말 않고 참아 준 것에 대하여 고맙게 생각해요. 내가 당신이었다면 상담실에 갑자기 들어온 아이에게 그 자리에서 화풀이를 해 버렸을 거예요.

실습훈련

● 다음과 같이 즉시성 반응을 실습해 본다.

진행 방법

3명이 한 조가 되어 내담자, 상담자 및 관찰자 역할을 번갈아 가며 맡는다. 상담자가 내담자에게 즉시성 반응을 할 때 관찰자도 어떻게 반응하는 것이 적절한 것인지 연습해 본다. 다른 사람의 즉시성 반응을 듣는 것이 유용하므로, 각자의 즉시성 반응을 잘 듣고 연습해 본다. 가능하면 각각의 상담을 녹음 · 녹화하여 토론하도록 한다.

• 상담자 역할

기초적 상담 기법과 섞어서 즉시성 기법을 연습해 본다.

• 내담자 역할

자신의 행동 중 왜 그렇게 하는지 이해하지 못하고 혼란스러운 것들에 대해 이야기하거나 다음 역할 중 하나를 선택하여 연기해 본다.

〈역할 활동을 위한 사례〉

사례 1: 남편과 사별한 후 외동아들을 홀로 키운 50대 중년 여성이 아들이 외국으로 유학가게 되어 기쁘다며 울면서 이야기하고 있다.

사례 2: 친구들을 이유 없이 괴롭혀서 담임교사가 상담을 의뢰한 중학교 여학생인데, 상담받기를 꺼려 하고 상담자의 질문에 반응하지 않는다.

사례 3: 60대 남성으로 자기보다 나이가 어린 상담자가 마음에 들지 않아 이것저것 트집을 잡는다.

• 관찰자 역할

녹음 · 녹화 장비를 작동시키면서 연습상담을 관찰하여 즉시성 반응 실습 관찰지를 작성하고, 관찰 내용을 메모한다.

상담 후 토론

모든 참여자는 녹음 · 녹화된 상담 장면과 즉시성 실습 관찰지를 활용하여 각 상담이 어떻게 진행되었는지, 어떤 정보 제공이 가장 유용했고 그 이유는 무엇인지, 어떤 어려움이 있었는지, 그리고 개선 방안은 무엇인지에 대해 토론한다.

즉시성 반응 실습 관찰지

소속: 이름:

• 관찰자는 상담실습 장면을 관찰하여 아래의 점검표를 작성하고 물음에 답하시오.

1. 다음 영역에 대한 상담자의 반응 점수에 ∨표를 하시오.
(점수가 높을수록 효과적임을 의미한다.)

상담자 반응	1	2	3	4	5
비언어적 반응의 적절성					
논의의 일관성					
즉시성의 적절성					
다른 상담 반응의 적절성					

2. 어떤 즉시성 반응이 가장 유용했고, 그 이유는 무엇인지 적어 보시오.

3. 상담자 반응 중에서 보완할 점을 적어 보시오.

정보 제공

9

당신이 입을 열고 있을 때 그것은 침묵보다 가치 있는 것이어야 한다.

-아랍 속담-

학습목표

1. 정보 제공의 기법을 이해하고 설명할 수 있다.
2. 정보 제공 시 유의점을 알고 적절한 정보 제공 반응을 연습할 수 있다.
3. 내담자가 지금까지 익숙해져 있던 자신의 잘못된 습관을 인식하고 다른 관점으로 생각을 확장함으로써 이전과는 다르게 행동할 수 있도록 실제 연습을 통해 도와줄 수 있다.

정보 제공은 상담자가 내담자에게 사실이나 자료, 의견, 자원의 형태로 정보를 제공하는 것이다. 정보 제공의 의미를 좀 더 포괄적으로 보는 Hill과 O'Gray(1985)는 단순히 교육하고 정보를 제공하는 것뿐 아니라 잘못된 지각이나 잘못된 정보를 수정하고 상담 절차 혹은 내담자 행동의 이유를 설명하는 것도 정보 제공으로 보고 있다. 정보 제공을 하는 상담자의 의도는 내담자에게 정보를 제공함으로써 이전에 알지 못했던 새로운 것을 알도록 하고, 잘못된 지각을 수정하여 생각을 확장시켜 줌으로써 내담자가 바람직한 변화를 위한 도전의식이나 확신을 갖도록 하는 것이다.

정보 제공은 사람, 활동, 행사, 자원, 대안, 결과나 절차에 관한 자료 또는 사실을 말로 전달해 주는 것뿐 아니라 잘못된 정보를 수정하고 상담 절차나 내담자의 행동의 이유를 설명하는 것을 포함한다.

대부분의 내담자는 자신의 문제를 자각하고 불편함을 느낄 때 자신의 문제가 해결되기를 원한다. 그래서 상담을 통하여 자신의 문제를 탐색하고 해결해 가는 과정이 필요하다. 그러나 내담자가 상담관계를 통해 자신의 문제를 알아차렸다고 해서 그것이 바로 행동 변화로 이어지는 것은 아니다. 통찰이 이루어졌지만 자발적인 행동으로 이어지지 않는 이유는 오래된 습관으로 인해 변화가 쉽지 않고 새로운 것을 시도하는 것에 대한 두려움이 있기 때문이다. 또한 내담자가 변화에 대한 동기가 약하거나 변화에 따른 적절한 기술을 가지고 있지 않아 어려울 수도 있다. 이런 경우 내담자의 바람직한 행동 변화를 돕기 위한 여러 가지 기술을 사용하게 되는데, 이 장에서는 정보 제공 반응을 이해하고 실제로 연습하여 익혀 본다.

1. 정보 제공의 필요성

상담과정에서 정보를 나누는 것은 정보를 제공하는 것과 잘못된 정보를 수정하는 것을 모두 의미한다. 정보 제공은 상담과정의 어느 단계에서나 사용할 수 있다. 초기 단계에서는 내담자가 자기 혼자만 특정 문제로 시달리는 것은 아니라는 사실만 알아도 도움이 된다. 이후 내담자 자신의 문제에 대한 정보의 나눔은 내담자가 정보의 부족으로 자신의 문제를 충분히 탐색하지 못할 때 여러 가지 도움을 제공하여 내담자가 이전과는 다른 행동을 하도록 격려할 수 있다. 즉, 정보 제공을 함으로써 자신의 문제를 새로운 시각으로 보게 하고 어떻게 행동해야 하는지를 보여 줌으로써 내담자가 자신의 목표를 설정하는 데 필요한 새로운 통찰력을 형성하도록 도울 수 있게 된다.

정보 제공은 내담자가 자신의 목표를 설정하는 데 필요한 새로운 통찰력의 형성을 도와준다.

정보를 제공할 때 내담자가 항상 그것을 받아들일 수 있는 것은 아니다. 내담자가 특별한 상황에서 자신이 필요하다고 생각하는 정보를 제공받았을 때는 이해가 증진되지만, 반대로 특별한 정보라도 내담자가 중요하지 않게 여기거나 거절할 때는 의사소통에 방해를 준다(김춘길, 문미선, 1999). 따라서 내담자에게 필요한 정보를 적절한 시점에 말해 주는 것은 매우 중요하다.

2. 정보 제공의 사용 시점

정보 제공은 내담자의 현재 욕구와 목표에 맞고, 내담자가 가장 잘 받아들일 시점에 사용하는 것이 좋다(Evans, 2000). 즉, 내담자가 요청하거나 내담자의 동의가 있을 때 사용해야 하고, 이때 정보 제공을 언제 어떻게 사용하는지 알아야 하며, 특히 사용하지 말아야 할 때를 아는 것이 매우 중요하다. 정보나 조언을 줄 때는 그 전에 자신이 전달하려는 내용이 변화에 대한 내담자의 동기를 강화할 수 있는 것인가에 대한 질문을 스스로 해 보고, 이 질문에 대한 대답이 스스로 '예'이면 내담자의 동의를 구한 후에 정보를 제공하는 것이 좋다. 왜냐하면 이 기법은 내담자가 부적절하고 불완전한 정보를 가지고 행동할 때 사용하는 것이 매우 적절하기 때문이다.

정보 제공 후 그에 따른 선택은 내담자 스스로 할 수 있도록 해야 한다. 그리고 내담자가 수행하는 과정에서 여러 가지 도전을 위한 질문을 할 수 있으므로 상담자는 내담자 변화에 필요한 정보를 충분히 이해하고, 있어야 한다. 또한 내담자가 정보에 압도되지 않도록 하고, 정보를 잘못 이해한 채로 돌아가게 해서는 안 되며, 내담자가 정보를 분석할 수 있도록 지지적인 표현을 사용하는 것이 좋다.

내담자의 현재 욕구와 목표에 맞고 내담자가 가장 잘 받아들일 시점에 정보를 제공하고, 그에 따른 선택은 내담자 스스로 할 수 있도록 하는 것이 좋다.

정보 제공하기 단계

정보 제공 시점 진단하기 → 정보 탐색하기 → 정보 제공하기 → 정보 반응 확인하기

3. 정보 제공의 방법

정보 제공은 내담자와 상담자가 같이 이야기할 수 있는 주제에 관해 탐색하는 방법으로 이루어지는 것이 좋다. 그렇게 될 때 내담자는 상담자가 강의하거나 강요하는 것으로 생각하지 않게 된다.

효과적인 정보 제공을 위해서는 적절하게 눈을 마주치고, 신체언어 및 언어적 반응을 지속적으로 사용하는 것이 필요하다. 그리고 그 정보가 내담자에게 도움이 되려면 내담자의 능력에 맞게 정보를 제공하는 것이 중요하기 때문에(Evans, 2000), 유능한 상담자는 정보를 한꺼번에 주지 않고 내담자의 능력에 따라 부분으로 나누어

> 정보는 한꺼번에 주지 않고 내담자의 능력에 맞게 부분으로 나누어 제공한 후 자신이 이해한 바를 말하게 하여 확인해 볼 필요가 있다.

제공하기도 한다.

정보 제공을 하고 나면 내담자가 그 정보를 얼마나 이해하고 있는지 간단한 말로 확인해 볼 필요가 있다. 예를 들면, 내담자에게 들은 정보를 말해 보게 하거나 정보에 따라 행동해 보게 할 수도 있는데, 이는 정보 활용을 극대화하기 위한 것이다.

정보 제공 시 유의점

- 정보는 정보를 제공받은 사람이 자진해서 정보를 경청하고 이용할 수 있는 방법으로 제공되어야 한다.
- 상담자가 비효과적인 방법으로 정보를 제공하게 되면 내담자는 상담자에 대해 오만하고 위압적이며 잘난 체하는 사람과 같은 부정적인 인상을 갖게 된다.
- 정보 요청은 단순히 정보를 필요로 하는 것 이상의 의미가 있다고 가정하고 정보 요청을 통해 다른 중요한 문제가 논의될 수도 있음을 알아야 한다.

4. 정보 제공의 유형

내담자는 각기 다른 양의 정보를 필요로 하므로 내담자의 요청에 적절한 정보를 주기 위해서는 정보 제공의 유형에 대해 이해할 필요가 있다. 정보는 다음과 같은 여러 가지 방식으로 제공될 수 있다.

정보적 답변 정보적 답변(심리적 교육)은 정보 제공의 가장 일반적인 형태로 상담자는 내담자가 모르고 있는 정보를 알려 주거나 상담자가 잘 모르는 경우에는 다른 정보 출처를 찾아가게 한다(Evans, 2000). 즉, 상담자는 내담자가 필요로 하는 것과 그것을 얻을 수 있는 방법에 대한 정보적 답변을 요약해 주어야 한다. 이 과정을 통해 내담자는 기존에 가지고 있던 근거 없는 정보를 바로잡을 수 있게 된다. 이때 주의할 점은 상담자의 가치판단이나 의견을 제시하는 것이 아니라 객관적 정보를 제시해야 한다는 것이다. 그리고 심리적 교육은 간단하게 사용하고, 〈표 9-1〉과 같이 큰 치료 맥락에서 사용하는 것이 좋다(Brems, 2005).

정보적 답변은 내담자가 이전에 모르고 있던 정보에 대해 객관적으로 제시해 주는 것으로 내담자의 지각을 변화시킬 수 있다.

〈표 9-1〉 정보적 답변(심리적 교육)

상담자 행동	이전에 알지 못했던 정보를 내담자에게 제공한다.
정보적 답변의 목적	주어진 상황 또는 문제에 대해 반응하는 내담자의 지각을 변화시킨다.
유의점	사실을 제시하되 간단하게 말한다. 공손한 태도로 협력하여 실시한다. 시기적절하게 제시한다.
예시 1	내담자: 제가 올해 근무 부서가 바뀌어 재교육을 받아야 한다는데, 새롭게 해야 할 일과 재교육 내용이 무엇인지 어떻게 알아볼 수 있을까요? 상담자: 새 일에 대한 정보가 필요하시네요. 제 생각에는 재교육 담당 부서 직원과 만나서 구체적으로 물어보는 것이 가장 효과적인 방법일 것 같아요. 제가 연락을 취해 드릴 수도 있는데 어떻게 생각하세요?
예시 2	내담자: 저희 어머니께서는 제 건강이 좋지 않은 이유가 음식 섭취에 문제가 있기 때문이라고 생각하세요. 저는 아무 문제가 없다고 보는데요. 상담자: 어떤 음식을 주로 드시나요? 내담자: (자신의 음식 섭취 경향을 자세하게 설명한다.) 상담자: (내담자의 음식 섭취 경향의 내용을 듣고 도움이 되는 부분과 해로운 부분을 분리하여 설명해 준다.)

정상화 정상화는 내담자가 현재 겪고 있는 것과 비슷한 상황에서는 내담자 자신뿐만 아니라 다른 사람이라도 내담자가 보이는 반응을 보일 수 있다는 것, 즉 내담자의 반응이 보편적이고 정상적이라는 정보를 주는 것이다(Brems, 2005). 이는 상담자가 내담자의

정상화는 비슷한 상황에서 내담자의 반응이 다른 사람과 비교하여 보편적이라고 알려 주는 것으로 내

담자가 문제 상황에 빠지지 않도록 도와준다.

반응을 건전하다고 인식할 때 사용할 수 있으며, 내담자가 원한다고 해서 전형적이지 않은 반응을 보편화해서는 안 된다.

〈표 9-2〉 정상화(보편화)

상담자 행동	비슷한 상황에서 내담자의 반응이 다른 사람들과 다르지 않고 보편적이라는 정보를 준다.
정상화의 목적	내담자가 주어진 상황에 대한 자신의 반응을 받아들임으로써 사건에 대해 걱정하지 않게 도와준다.
유의점	• 사실을 말하되 지나치게 자주 사용하지 않는다. • 평범하지 않은 것을 평범한 것으로 믿지 않도록 해야 한다. • 큰 치료적 맥락에서 실시한다.
예시	내담자: 제가 혹시나 나쁜 소리를 들을까 봐 건강검진을 정기적으로 잘 하지 않아요. 나이 들어 더 자주 해야 하는데 이렇게 하고 있으니 제가 정말 어리석게 살고 있는 것이지요? 상담자: 두려운 마음에 그러실 수도 있을 것 같아요. 내담자: 다른 사람들도 저 같이 두려워하면서 많이 미루기도 하나요? 상담자: 그런 경우가 종종 있지요. 지금 그런 말씀을 하시게 된 이유가 있는 것 같은데요.

재구성은 내담자의 방어적 반응을 줄이면서 상황이나 행동에 대한 내담자의 생각을 재조직하여 다른 관점을 제공하는 것이다.

대안적 관점 대안적 관점은 재구성, 새 명명이라고도 하는데(Brems, 2005), 이는 상황 및 행동에 대한 내담자의 생각을 재조직하거나 새 의미를 줄 수 있는 다른 관점을 내담자에게 제공하는 것이다. 즉, 좀 더 건설적인 방향으로 내담자의 틀을 확장시킬 수 있는 상담기술로 의미의 변화를 통해 투사의 사용에 대해 새로운 시각을 갖게 해 주며(Clark, 2005), 내담자의 방어적 반응을 줄이면서 문제를 직시하게 하여 새로운 방식으로 행동할 수 있게 해 준다(Evans et al., 2000). 이렇게 동일한 상황을 다른 관점으로 바라보는 방법에 관한 정보를 준다는 점에서 이는 정보 제공의 한 유형에 속한다.

〈표 9-3〉 대안적 관점

상담자 행동	내담자가 제시한 내용에 대해 다른 관점이나 새 명명을 제시한다.
대안적 관점의 목적	내담자에게 새로운 관점을 제시함으로써 주어진 상황이나 지각에 인지적 변화가 일어나게 도와준다.
유의점	• 사실적이고 객관적으로 한다. • 가능하면 구체적으로 한다. • 질문을 통해 내담자의 새로운 인식 전환을 위한 노력을 한다.
예시	내담자: 제가 이번에 구매 담당 팀으로 발령이 나서 교육을 다시 받아야 한다는 말을 들었어요. 전에 하던 일이 좋았는데 새로운 일을 해야 하는 게 정말 짜증이 나요. 저는 누구한테 지시받으면서 생활하는 것을 싫어하는데, 또 교육받는 제 모습을 상상하니 벌써부터 가슴이 답답해져요. 상담자: 지금까지 스스로 알아서 일을 잘 해 오셨다는 말을 들으니 든든하네요. 구매 담당 일도 자율적인 생각과 행동을 많이 필요로 할 것 같아요. 재교육은 그런 자율성을 키우기 위한 프로그램으로 느껴지는데, 그것은 자율성을 원하는 당신의 바람과도 잘 맞을 것 같아요. 어떻게 생각하세요?

TIP 효과적인 정보 제공

1. 내담자 욕구에 적절한 자료나 사실을 알려 준다.
2. 문제 상황에 관련된 정보만 제공한다.
3. 내담자가 정보를 잘 받아들이고 있는지 확인한다.
4. 정보는 직접적이고 명확하고 구체적이고 간결하고 실질적이어야 한다.
5. 내담자가 활용할 수 있게 정보를 부분으로 나누어 제공한다.
6. 정보 제공 후 제공된 자료와 사실에 주의를 기울였는지 확인한다.
7. 제공된 정보에 왜곡이 있었는지 평가하고, 그것을 바로잡기 위해 다른 상담 기술을 사용한다.
8. 충고를 하는 것과 정보를 주는 것을 혼동해서는 안 된다.
9. 내담자의 가치관에 압력을 가하는 방법으로 정보를 제공하지 않도록 한다.

연습문제 I

● **다음은 정보 제공 기법에 대한 설명이다. 맞으면 ○, 틀리면 × 표시하시오.**

설 명	○ / ×
1. 정보 제공은 내담자의 요구에 적절한 자료나 사실을 알려 주어야 한다.	
2. 정보 제공 시 폭넓고 일반적인 사실을 중심으로 말해 주어야 한다.	
3. 정보 제공의 양은 많을수록 내담자에게 도움이 된다.	
4. 정보 제공 시 다른 상담기술은 사용하지 않아야 한다.	
5. 정보 제공은 내담자가 가장 잘 받아들일 준비가 되었을 때 한다.	
6. 정보 제공 시 내담자가 왜곡을 하면 그것을 바로잡을 책임은 상담자에게 있다.	
7. 정보 제공 시 상담자는 내담자의 욕구에 따라 반응해 줌으로써 신뢰를 쌓는 것이 중요하다.	
8. 정보 제공 답변은 상담자가 자신의 경험에 근거하여 제시하는 의견이다.	
9. 재구성은 대안적 관점에서 상황을 볼 수 있게 만들어 준다.	
10. 제공된 정보에 대한 내담자의 주의 여부는 내담자에게 정보를 다시 말해 보라고 하여 확인해 볼 수 있다.	

모범 답 1. ○ 2. ○ 3. × 4. × 5. ○ 6. ○ 7. × 8. × 9. ○ 10. ○

연습문제 II

● (1~7) 다음 문제에 제시된 내담자 반응에 대한 상담자의 정보 제공 반응으로 가장 알맞은 것을 고르시오.

1. 내담자가 상담자에게 심리검사 결과에 대해 질문하고 있다.

> **내담자**: 심리검사 결과가 나왔어요?
>
> **상담자**: 네. (결과를 보면서 설명해 준다.)
>
> **내담자**: 혹시 그 결과 내용이 저를 그대로 나타내고 있다고 여기시는 거예요?

① 네. 그렇다고 생각해요.

② 이 검사 결과는 참고자료로 보는 거니 크게 걱정 안 하셔도 돼요.

③ 당신이 최선을 다했다면 그 결과에 별다른 문제는 없을 거예요.

해설 ①과 ③은 내담자가 질문하는 의도에 대해 그 심정을 이해하지 못한 반응으로 상담에 임하는 내담자의 불안을 높일 수 있다. ②번은 내담자 심정을 이해한 반응으로 내담자의 질문에 대해 자신의 생각을 알려 줌으로써 내담자를 안심시키고 있다. 이로써 상담자는 심리검사 결과를 어떻게 생각하고 있는지에 대한 내담자의 정보 요청에 적절하게 반응하고 있다고 볼 수 있다.

모범 답 ②

2. 다니던 직장을 중간에 그만둔 직장인의 정보 요청이다.

> **내담자**: 제가 직장을 다니다가 사정이 생겨 중간에 그만두게 되었어요. 이런 경우 제 월급은 어떻게 되는 것인지 알아볼 수 있나요?

① 글쎄요. 그것이 왜 알고 싶은지 모르겠는데, 혹시 돈이 떨어져서 생활이 힘든 건가요?

② 그것도 물론 중요하지만, 그 문제로 들어가기에 앞서 더 중요한 다른 것부터 이야기하는 게 필요할 것 같아요.

③ 그 사실은 회사에서 만든 소책자에 다 제시되어 있어서 확인해 볼 수 있을 거예요. 그게 아니면 상담이 끝난 후에 회사 경리 담당 직원에게 확인해 보는 방법도 있어요.

해설 ①과 ②는 내담자의 정보 요청에 대한 답변을 하지 않고 있어 내담자에게 전혀 도움이 되지 않는다. ③은 실질적인 정보적 답변을 해 줌으로써 내담자가 몰랐던 정보를 제공하고 있다.

모범 답 ③

3. 어렸을 때부터 아버지에게서 폭력을 당해 온 고등학교 2학년 남학생이 학교에서 다른 친구들에게 폭력을 행사하여 상담을 의뢰받았다.

내담자: 저는 늘 이렇게 살아왔어요. 결국 아버지처럼 저도 살아갈 것 같다는 생각이 듭니다. 물론 아버지가 사는 방식이 마음에 들지 않지만 이젠 다른 방법이 없어요. 싸움엔 익숙해져서 이 분야에서는 자신 있거든요. 그런데 이제 와서 굳이 달라질 필요가 있나요?

① 폭력을 늘 경험해 왔기 때문에 거기에서 벗어날 수 없다고 보고, 이젠 폭력을 행사하는 쪽으로 그 힘을 사용하고 있는 것 같네요. 그런데 아버지의 삶의 방식이 마음에 들지 않는다면 아버지처럼 강한 사람이 되면서도 그 힘을 학생에게 도움이 되는 방향으로 사용할 수도 있지 않을까 하는 생각이 드네요.
② 대체로 아들은 아버지처럼 산다는 말이 있지요. 그렇더라도 자신의 노력 여하에 따라 다르게 살 수도 있으니까 결국 모든 결과는 자기 자신에게 달려 있지 않을까 하는 생각이 드네요.
③ 제가 느끼기에는 학생이 다른 친구들을 대상으로 아버지에게 당한 폭력을 복수하고 있는 것 같아요. 그런데 그럴수록 자기 자신만 더 망가지게 되지요. 그래서 지금과는 다르게 사는 것이 자신을 위하는 길이라는 생각이 드네요.

해설 ①번은 현재 내담자의 행동을 돌아보게 하여 자신을 점검하게 하고 자신의 관점을 바꿀 수 있는 방법을 제공하고 있다. ②번은 비슷한 상황에서 다르게 행동하는 친구들과 비교함으로써 내담자의 자책감과 반발을 일으킬 수 있다. ③번은 충고하는 것으로 들려 내담자의 심정에 가 닿기 힘들다.

모범 답 ①

4. 낯선 사람을 만나는 것을 두려워하는 여대생 내담자다.

내담자: 저는 낯선 사람을 만나는 게 싫어요. 무슨 말을 어떻게 해야 할지 잘 모르겠거든요. 남들은 다 잘 어울리는 것 같은데 아무래도 제가 문제가 심각하다는 생각이 들어요.

① 무슨 일이 있었던 것 같네요. 언제부터 그런 현상이 나타났어요?
② 저도 낯선 사람을 만날 때는 말하는 게 어색해요. 그건 다른 사람들도 대체로 그럴 것 같아요. 아무래도 익숙한 관계는 아니니까 평소보다 조금 긴장되지요.
③ 낯선 사람도 말하다 보면 곧 친숙해지니까 큰 문제는 아니라는 생각이 드네요. 그냥 편안한 마음으로 만나면 될 것 같아요.

해설 ①번은 내담자 말을 그대로 인정하는 반응으로 내담자의 불안을 더 높일 수 있다. ②번은 작은 문제를 지나치게 큰 문제로 인식하는 내담자에게 보편적인 반응이라는 정보를 제공함으로써 내담자를 안심시키고 이후의 상담과정을 순조롭게 진행하는 데 도움이 될 수 있다. ③번은 내담자의 마음을 이해하지 않는 반응으로 상담자의 생각을 주지시키고 있다.

모범 답 ②

5. 중학교 3학년 아들을 둔 여성 내담자가 아들의 모든 일을 하나하나 다 챙겨 주어야 한다고 느끼고 자신이 아니면 아들을 챙겨 줄 사람이 아무도 없다고 생각한다.

내담자: 집에서는 아무도 아들에게 관심이 없고 스스로 하지 않는 그 애를 오히려 탓하기만 해요. 이 상황에서 제가 아들을 위해 더 해 줄 수 있는 일이 무엇인지 모르겠어요. 좋은 방법이 뭐 없을까요?

① 당신은 아들에 대해 전적으로 뒷바라지하는 자신을 인정해 주지 않는 가족이 원망스러울 것 같네요. 그런 마음을 가족에게 허심탄회하게 표현해 보면 가족도 당신에게 고마움을 느끼게 될 거예요.
② 당신은 가족에게 사랑받지 못하는 아들을 안쓰럽게 느끼나 보군요. 그래도 당신이 옆에서 정성스럽게 아들을 챙기고 있기 때문에 아들은 지금도 충분히 사랑받고 있다고 느낄 테니까 걱정 안 하셔도 될 거예요.
③ 당신은 지금도 아들을 위해 무엇인가를 더 해 줘야 한다고 생각하고 있네요. 그런데 어쩌면 당신이 일일이 아들의 일을 다 챙겨 줌으로써 오히려 아들이 스스로 할 수 있는 일도 당신에게 떠넘기고 있는지도 모르겠네요. 아들은 정작 그런 일들이 자신이 해야 되는 일이라는 것을 생각하지 못할 수도 있어요.

해설 ①번은 내담자의 속상한 마음에 공감하고 있으나 아들 문제로 고민하는 내담자의 요청에 대한 정보를 제공하지는 못하고 있다. ②번은 내담자를 지지하는 가벼운 반응으로 내담자의 고민 요청에 대한 답변은 아니다. ③번은 내담자의 마음에 공감하면서도 내담자가 근본적인 문제해결에 접근할 수 있도록 내담자의 기존 관점을 다른 각도로 바꾸어 주는 정보를 제공하고 있다.

모범 답 ③

6. 부모의 관심에서 벗어나 있는 여고생이 자신의 행동을 정당화하기 위해 합리화를 사용하고 있다.

> **내담자:** 어차피 우리 부모님은 제가 뭘 하든지 신경 쓰지 않아요. 관심이 전혀 없는데 제가 남 보기에 좀 안 좋은 행동을 한다고 해서 무슨 상관이 있겠어요?

① 부모님의 관심이 느껴지지 않아 서운하겠다. 그런데 그걸 다른 관점에서 생각해 보면 부모님의 관심이 적으니까 어쩌면 네가 되고 싶은 꿈이 있을 경우에 그것을 마음껏 할 수 있는 자유도 있을 것 같네.
② 부모님의 관심을 전혀 못 받는 애들 중에 자신이 알아서 목표를 향해 열심히 생활하는 경우도 많이 있단다. 너도 그렇게 할 수 있을 거야.

③ 부모님이 바쁘신가 보구나. 무슨 일을 하시는데 자식 일에 마음 써 줄 시간이 조금도 없으신 거니?

해설 ①번은 내담자 마음에 공감하면서도 상황을 바라보는 내담자의 인지를 재구성할 수 있도록 정보를 제공하고 있다. ②번은 비슷한 상황에서의 다른 사람과 비교하여 내담자에게 조언하고 있다. ③번은 내담자의 말에 단순하게 공감하는 데서 그치는 반응이다.

모범 답 ①

7. 흡연 문제로 아내와 갈등이 심한 30대 중반 남성 내담자다.

내담자: 담배 끊는 게 쉬운 건 아니잖아요. 저도 물론 끊고 싶어요. 어제 아내가 "이 세상 사람이 다 끊어도 당신은 절대로 끊지 못할 거야. 매번 끊는다는 것도 말뿐이지. 그런 말은 더 이상 믿고 싶지도 않아"라고 하는데 정말 서운하고 화났어요. 선생님이 보시기에도 제가 아내 말처럼 그런 하찮은 인간 같습니까?

① 저 같아도 그런 말을 들었으면 서운하고 화가 났을 것 같아요. 평소에도 부인의 말이 그런 식이었으면 참 힘드셨겠네요. 그래도 잘 참으셨네요.

② 부인의 말에 좌절을 느끼시는 것 같네요. 이렇게 생각해 보면 어떨까요? 부인의 말을 자신을 변화시키는 긍정적인 자극 요인으로 삼아 볼 수도 있겠네요. 부인도 실제로는 당신이 담배를 끊길 바랄 거고, 저도 당신이 담배를 끊고 싶다는 의지가 있다는 말이 믿어집니다.

③ 부인의 입장에서 보면 옆에서 지켜보기가 오죽 힘들었으면 그런 말을 했겠습니까? 다 당신을 위해서 하는 이야기 같아요. 그러니 너무 서운하게 생각하시지 마세요. 담배를 끊으면 부인도 달라질 거예요.

해설 ①번은 내담자의 심정에 대한 공감에 그칠 뿐 내담자의 문제에 대한 정보 제공은 이루어지지 않는다. ②번은 내담자의 심정에 대한 공감을 하면서 내담자의 문제해결에 도움이 되는 방향으로 내담자의 인지를 전환할 수 있도록 정보를 제공하고 있다. ③번은 내담자를 탓하는 반응으로 조언하고 있다.

모범 답 ⑦

● **(8~10) 다음 내담자의 상황에 적절한 정보적 답변이 아닌 것을 고르시오.**

8. 최근에 강간을 당한 20대 초반 여대생 내담자다.

> **내담자:** 제가 며칠 전에 강간을 당했어요. 그런데 아직 경찰에 신고하지 않았어요. 신고하려면 어떻게 해야 되는지도 모르겠고, 안 하고 싶기도 하고 마음이 좀 복잡해요.

① 성폭행 예방 차원에서 옷 입는 방법에 대한 정보 제공
② 경찰에 신고하는 방법과 신고한 후의 일들에 대한 정보 제공
③ 신고했을 때와 안 했을 때의 차이에 대한 설명과 임신 확인과 같은 취해야 할 조치에 대한 정보 제공

해설 ①번은 내담자의 문제해결에 도움이 되기보다는 문제 예방에 초점을 맞추고 있어 현재 내담자가 요청하는 적절한 답변이 아니다. ②번과 ③번은 내담자의 답변 요청에 대해 실질적으로 도움이 될 수 있는 내용으로 정보적 답변이다.

모범 답 ①

9. 인터넷 중독으로 정상적인 학교생활이 되지 않는 고등학교 2학년 남학생이다.

> **내담자:** 제가 중학교 3학년 때 아버지께서 돌아가셨어요. 그래서 엄마도 그 뒤로 우울증 약을 먹고 계시고, 저도 인터넷에 빠져들기 시작했어요. 지금은 고2라 저도 대학에 가고 싶어서 공부를 해야 하는데, 인터넷 중독인지 게임을 안 하면 너무 불안해요. 제가 인터넷을 끊을 수 있는 방법이 있나요?

① 내담자와 함께 인터넷 중독이 일상생활에 미치는 부정적 영향 탐색
② 인터넷의 긍정적 효과에 대한 설명
③ 인터넷 중독을 치료하는 프로그램 소개

해설 ①번과 ③번은 당면한 문제해결의 방법을 알고자 하는 내담자의 답변 요청에 도움이 되는 정보를 제공하고 있다. ②번은 내담자의 현재 상황에 대한 직접적인 도움을 주는 정보 제공이 아니다.

모범 답 ②

10. 가끔씩 자살 충동을 느낀다는 여중생 내담자다.

> **내담자**: 저는 요즘 들어 부쩍 자살 충동을 느낄 때가 많아요. 어떤 때는 저도 모르게 그렇게 해 버릴까 봐 겁이 나요. 그런 생각이 들 때는 어떻게 해야 돼요?

① 친밀하게 느끼는 대상에게 자신의 감정을 이야기하거나 자살 외에 자신이 해 볼 수 있는 게 무엇인지를 스스로 물어보는 것이 도움이 된다고 설명한다.

② 위기의 전화(555-5555)에 전화를 걸어 자신의 감정을 속 시원하게 이야기할 수 있다는 안내를 한다.

③ 자살 충동을 일으키게 하는 상황이나 사건을 다시 곰곰이 생각하다 보면 자신의 생각이 잘못된 판단일 수 있음을 알게 된다는 설명을 한다.

해설 ①번과 ②번은 내담자가 불안해하는 상황에 처했을 때 거기에서 빠져나올 수 있는 실질적으로 도움이 되는 내용으로 정보적 답변을 제공하고 있다. ③번은 내담자가 그런 상황에 처했을 때 내담자 문제를 더 악화시키는 답변이 될 수 있다.

모범 답 ③

연습문제 III

● **(1~10) 아래에 제시된 각 내담자의 상황이나 반응에 대해 상담자로서 적합한 정보 제공 반응을 해 보시오.**

1. 실직한 상태에서 다시 일자리를 구하려고 하는 40대 초반의 중년 남성 내담자다.

내담자: 제가 일을 못한 지가 벌써 6개월이나 되었습니다. 빨리 일을 다시 시작하고 싶습니다. 그래서 이 상담에 대한 기대가 큽니다. 상담에서는 무엇을 하게 됩니까?

정보 제공 반응:

해설 이 내담자의 말은 문장은 간결하지만 구체적인 내용을 담고 있고 실질적이다. 내담자는 자신이 요청한 정보를 쉽게 이해할 수 있고 이에 따라 적극적으로 상담에 참여할 가능성이 높다.

모범 답 이 상담에서는 우선 당신의 일자리를 찾아주기 위해 당신의 능력, 흥미, 취약점 같은 것들을 파악해야 합니다. 그래서 그와 관련된 논의와 함께 몇 가지 검사도 하게 될 것입니다.

2. 교통사고 후 장애인이 된 내담자다.

내담자: 제가 교통사고로 지적장애 3급 판정을 받았는데, 아직 동사무소에 서류를 갖다 주지 않아서 확실하게 장애 등록이 된 것은 아닌데요. 혹시 장애 등록을 하게 되면 직장을 구할 때 불이익을 당하지는 않을까요?

정보 제공 반응:

해설 내담자는 장애 등록을 두고 두려움을 느끼고 있다. 내담자의 그러한 생각이 어디에서 비롯되었는지에 대한 탐색이 먼저 있어야 내담자가 객관적으로 결정을 내릴 수 있도록 사실적인 정보를 지원할 수 있다.

모범 답 장애 등록을 하게 되면 사회에서의 편견으로 불이익을 받게 될까 봐 걱정이 되시나 봅니다. 그렇게 생각하게 된 이유가 있습니까?

3. 부당하게 해고를 당한 회사원 내담자다.

내담자: 제가 열흘을 일했는데 해고를 당했어요. 회사의 복지에 대해 물어보았다는 이유로 관리자가 해고를 했는데, 이럴 때 도움받을 수 있는 방법이 있나요?

정보 제공 반응:

해설 정보를 구체적이고 간결하고 실질적인 도움이 될 수 있게 제공한다. 이렇게 할 경우 정보탐색의 시간이 짧아지고 내담자는 신속하게 자신의 문제를 해결할 수 있다.

모범 답 부당한 해고를 당했을 때 도움받을 수 있는 상담기관이 있어요. ○○노동 상담소에서 부당한 해고에 대한 법적 대응절차 및 그에 필요한 지원을 받을 수 있어요.

4. 사업에 실패한 50대 초반의 중년 남성 내담자다.

내담자: 제가 이번에 사업에 실패해서 곧 파산 선고가 날 것 같습니다. 건강은 갈수록 나빠지는데 가진 돈은 없고, 무슨 일을 할 수 있을지 모르겠습니다. 빚쟁이들에게도 시달리게 될 텐데 어찌해야 할지 모르겠습니다.

정보 제공 반응:

해설 내담자가 복잡한 심리적 갈등 상태에서 정보를 요구하는 경우가 많기 때문에 정보를 요구하는 내담자의 말 그 자체를 듣기보다는 내담자의 심정에 대한 반응을 먼저 해 줄 수 있어야 한다.

모범 답 현재 여러 가지로 걱정이 많으시네요. 일자리 문제, 돈 문제, 빚 문제, 건강 문제 등 앞으로의 생활을 어떻게 해결해야 할지에 대해서요.

5. 서울로 대학을 가려고 하는 지방 거주 고등학생 내담자다.

내담자: 저는 정말로 서울에 있는 ○○대학교 ○○학과에 진학하고 싶어요. 성적도 충분히 되는데 경제적 상황이 좋지 않아 집에서 반대가 심해요. 일단 진학하면 장학금을 받을 자신이 있는데 부모님을 설득할 수 있는 좋은 방법이 없을까요?

정보 제공 반응:

해설 부모님이 반대하는 상황에 적절하게 대처하는 방법에 대한 설명을 한다. 감

정적인 대처보다는 필요한 자료들을 살펴봄으로써 스스로 먼저 점검해 볼 수 있도록 한다.

모범 답 부모님께서는 서울에 있는 그 과를 가야만 하는 이유를 이해하지 못하고 계실 수 있으니까 그 이유에 대해 여러 가지 근거가 명확해야 이해하시기가 쉽겠지요. 그리고 ○○대학교 학비와 장학금 제도에 대해서도 분명하게 알아봐야 장학금을 받을 수 있는 확률이 어느 정도인지 스스로 가늠해 볼 수 있고, 거기에 대한 확신이 서는 것이 중요하겠네요.

6. 자신에게 맞는 직업 유형이 무엇인지 알고 싶은 대학생 내담자다.

> **내담자:** 저도 이제 졸업을 앞두고 직업을 구해야 하는데, 제게 맞는 직업 유형을 구체적으로 알고 싶어요. 그런데 굳이 흥미검사를 꼭 실시해야 하는 이유가 있나요?

정보 제공 반응:

해설 내담자의 요청에 따른 적절한 양의 정보를 제공한다. 필요하면 내담자가 더 정보를 요청할 것이다.

모범 답 자기 일을 좋아하는 사람이 일에 만족하면서 계속할 가능성이 높아요. 그래서 자신에게 만족스러운 직업 유형을 파악하기 위해 흥미검사가 도움이 될 수 있어요.

7. 출산을 앞둔 장애인 내담자다.

> **내담자:** 장애인이 출산했을 경우에 산후도우미라는 게 있다고 들었어요, 어떻게 그런 것을 이용할 수 있나요?

정보 제공 반응:

해설 정보 요청에 대해 상담자가 잘 모르는 부분일 때 그 정보를 정확하게 알 수 있는 기관으로 연결시켜 줌으로써 내담자에게 실질적인 도움을 줄 수 있다.

모범 답 ○○복지관에서 장애인 여성 산후도우미라는 서비스를 실시하고 있어요. 이 복지관의 담당자와 직접 통화해 보면 그 서비스를 받을 수 있을 것 같은데 어떻게 생각하세요?

8. 문과, 이과 선택을 앞두고 고민하는 고등학교 1학년 여학생 내담자다.

내담자: 이제 곧 문과, 이과 선택을 해야 하는데 저는 아직 제가 무엇을 하고 싶은지도 잘 모르겠어요. 그리고 어떤 직업이 있고 그것이 어떤 일을 하는지도 몰라서 걱정이 되는데 좀 도와주실 수 있나요?

정보 제공 반응:

해설 직업의 다양성에 대해 무지한 상황이므로 직업카드를 통해 여러 직업에 대한 정보를 제공하여 관심을 끌어낸다. 그리고 학생의 취미나 특기 등과 관련하여 자신에게 잘 어울리는 진로를 찾아갈 수 있도록 상세한 설명이 되어 있는 도서를 추천해 줌으로써 보다 정확한 정보를 알 수 있게 해 준다.

모범 답 혹시 직업카드라고 들어본 적 있니? 이걸로 먼저 어떠한 직업이 있는지 알아보고, 그중에서 평소 좋아하는 일이나 관심 있는 분야가 있으면 그것에 대해 이야기해 보면 어떨까? 그리고 다양한 학과와 직업이 소개되어 있는 책이 있는데 집에 가면

○○책을 구해서 한번 읽어 보는 것도 좋겠다.

9. 학교 기말고사를 앞둔 고등학교 2학년 남학생 내담자다.

내담자: 저는 평소 괜찮다가도 시험 시간만 되면 갑자기 배가 아파요. 그래서 저번 중간고사도 망쳤어요. 시험 끝나면 괜찮은데 시험 시간에는 또 아파서 시험 치르는 데 집중할 수가 없고 너무 불안해요. 어떻게 하면 좀 편안한 마음으로 시험을 칠 수 있을까요?

정보 제공 반응:

해설 내담자의 직접적인 정보 요청에 따른 그에 상응하는 답변을 한다. 그리고 연습을 통해 내담자가 실제로 느껴 볼 수 있게 한다.

모범 답 불안을 떨어뜨리는 방법으로 체계적 둔감법이라는 것이 있어요. 이것은 가장 약한 불안 유발 상황부터 점차적으로 강한 불안 유발 상황까지 그 장면들을 미리 떠올리면서 연습해 보는 거예요. 같이 한번 연습해 볼까요?

10. 좋은 상담가가 되고 싶어 공부 중인 대학원생 내담자다.

내담자: 저는 상담할 때 내담자에게 너무 빠져들게 될까 봐 걱정이 돼요. 어렸을 때부터 제가 책임져야 할 일들이 많아서 늘 그렇게 해 왔거든요. 그래서 내담자에게도 그들의 문제들을 다 해결해 줘야 될 것 같은 책임감이 들어요. 이런 경우에는 어떻게 하는 것이 좋을까요? 제가 형편이 좋지 않아 더 이상 유료 상담을 받을 수도 없어요.

정보 제공 반응:

해설 먼저 내담자의 고민에 대해 공감한 후 그것을 해결하는 데 도움이 되는 방법에 대한 안내와 함께 필요한 정보를 제공한다.

모범 답 상담 장면에서 자신의 문제와 섞여 내담자와 적절한 거리를 유지하지 못하게 될까 봐 걱정이 되는군요. 실제로 자신의 문제를 가지고 있을 때는 내담자를 돕기가 어려울 수 있기 때문에 자신의 문제를 먼저 다룰 필요가 있어요. 본교 상담센터에서 학생들을 위해 12회에 걸쳐 무료 상담을 해 준다고 알고 있어요. 그곳을 이용해 보는 방법도 있어요.

실습훈련

● 다음과 같이 정보 제공 반응을 실습해 본다.

진행 방법

3명이 한 조가 되어 내담자, 상담자 및 관찰자 역할을 번갈아 가며 맡는다. 가능하면 각각의 상담을 녹음 · 녹화하여 토론하도록 한다.

• 상담자 역할

내담자의 상황과 요청에 따라 내담자에게 반응하여 적절한 정보 제공을 연습해 본다.

• 내담자 역할

내담자는 상담자와 협조하면서 정보를 얻기 위해 노력한다. 이를 위해 자기 생활에서 어려움이나 혼란을 느껴서 정보를 얻기 원하는 개인적 경험을 이야기하거나 다음 역할을 연기해 본다.

〈역할 활동을 위한 사례〉

사례: 고등학교 1학년 여학생인데 학교나 학급의 모든 행사에 참여하는 것을 시간 낭비라고 생각하면서 거의 참여하지 않는다. 이 때문에 급우들과 갈등이 생기자 적절한 대처 방법에 대한 정보를 구하고 있다.

• 관찰자 역할

녹음 · 녹화 장비를 작동시키면서 연습상담을 관찰하여 정보 제공 실습 관찰지를 작성하고, 관찰 내용을 메모한다.

상담 후 토론

모든 참여자는 녹음 · 녹화된 상담 장면과 정보 제공 실습 관찰지를 활용하여 각 상담이 어떻게 진행되었는지, 어떤 정보 제공이 가장 유용했고 그 이유는 무엇인지, 어떤 어려움이 있었는지, 그리고 개선 방안은 무엇인지에 대해 토론한다.

정보 제공 반응 실습 관찰지

소속: 이름:

• 관찰자는 상담실습 장면을 관찰하여 아래의 점검표를 작성하고 물음에 답하시오.

1. 다음 영역에 대한 상담자의 반응 점수에 ∨표를 하시오.
(점수가 높을수록 효과적임을 의미한다.)

상담자 반응	1	2	3	4	5
내담자를 준비시키는 반응					
정보 제공 반응의 적절성					
공감, 반영, 질문 등 기타 상담 반응					
비언어적 반응의 적절성					

2. 어떤 정보가 가장 유용했고, 그 이유는 무엇인지 적어 보시오.

3. 상담자 반응 중에서 보완할 점을 적어 보시오.

참고문헌

김춘길, 문미선(1999). 수술전 간호정보제공이 복부수술 환자의 수술 후 간호 만족도에 미치는 효과. 성인간호학회지, 11(3), 570-580.

송동림(2010). '경청'에 대한 상담학적 고찰. 나주: 광주가톨릭대학교출판부.

천성문, 박순득, 배정우, 박원모, 김정남, 이영순(2007). 상담심리학의 이론과 실제. 서울: 학지사.

Beutler, L. F., & Berren, M. R. (1995). *Integrative assessment of adult personality*. New York: Guilford Press.

Brems, C. (2005). 심리상담과 치료의 기본 기술[*Basic skills in psychotherapy and counseling*]. (조현춘, 이근배 역). 서울: 아카데미 프레스. (원전은 2001년에 출판).

Carkhuff, R. R. (1969). *Human and helping relations, 1 & 2*. New York: Holt, Rinehart & Winston.

Clark, A. J. (2005). 방어기제를 다루는 상담기법[*Defense mechanisms in the counseling process*]. (김영애 외 역). 서울: 김영애가족치료연구소. (원전은 1998년에 출판).

Duke, C. E., & Murdock, N. L. (1992). *Characteristics of Counselor self-Disclosure*. American Psychological Association: 100th Annual Convention.

Egan, G. (1999). 유능한 상담자-상담의 문제대처적 접근[*The skilled helper: A problem management*]. (제석봉, 유계식, 박은영 역). 서울: 학지사. (원전은

1994년에 출판).

Egan, G. (2002). *The Skilled helper: A problem management and opportunity-development approach to helping.* Pacific Grove, CA: Brooks/Cole.

Elliot, R., Watson, J. C., Goldman, R. N., & Greenberg, L. S. (2004). *Learning emotion-focused therapy: The process-experiential approach to change.* Washington, DC: American Psychological Association.

Evans, D. R., Hearn, M. T., Uhlemann, M. R., & Jvey, A. E. (2000). **상담의 필수 기술: 효과적 의사소통을 위한 사례중심 접근법**[*Essential interviewing: A programmed approach to effective communication*]. (성숙진 역). 서울: 나남출판. (원전은 1998년에 출판).

Farber, B. A. (2006). *Self-disclosurein psychotherapy.* New York: Guilford Press.

Greenberg, I. S. (2002). *Emotion-focused therapy.* New York: Guilford Press.

Hill, C. E. (2004). Immediacy. In C. Hill (Ed.), *Helping skills: Facilitating exploration, insight, and action* (2nd ed.). Washington, DC: American Psychological Association.

Hill, C. E. (2012). **상담의 기술**[*Helping Skills: Facilitating Exploration, Insight, and Action*(3rd ed.)]. (주은선 역). 서울: 학지사. (원전은 2009년에 출판).

Hill, C. E., & O'Brien, K. M. (2001). **상담의 기술**[*Helping Skills: Facilitating Exploration, Insight, and Action*]. (주은선 역). 서울: 학지사. (원전은 1999년 출판).

Hill, C. E., & O'Grady, K. E. (1985). List of therapist intentions illustrated in a case study and with therapists of varying theoretical orientations. *Journal of Counseling Psychology, 32*, 3-22.

Simon, J. C. (1988). Criteria for Therapist Self-Disclosure. *American Journal of Psychotherapy, XLII*(4), 404–415.

Weiss, J. (1993). *How psychotherapy works.* New York: Guilford Press.

Yalom, I. D. (2005). **치료의 선물**[*The gift of therapy*]. (최웅용, 천성문, 김창대, 최한나 역). 서울: 시그마프레스. (원전은 2002년에 출판).

저자 소개

천성문(Cheon Seong Moon)

영남대학교 교육학과 상담심리전공 박사

전 Stanford University 연구 및 방문 교수

현 경성대학교 교육학과 및 임상재활심리학과 교수

서울대학교 초빙교수

한국학교상담학회, 한국대학상담학회 및 한국중독상담학회 학회장

〈주요 저서〉

상담심리학의 이론과 실제(2판)(공저, 학지사, 2009)

집단상담–한국상담학회 상담학총서 4(공저, 학지사, 2013) 외

〈자격증〉 상담심리사 1급, 전문상담사 1급, 정신보건임상심리사 외

차명정(Cha Myeng Jeong)

경성대학교 교육학과 상담심리전공 박사

전 경성대학교 교육대학원 외래교수

경성대학교 교육인재개발연구소 전임연구원

현 부산남부Wee센터 전문상담교사

〈주요 저서〉

학교집단상담의 실제(2판)(공저, 학지사, 2013) 외

〈자격증〉 교육컨설턴트 1급, 교육치료사 1급 외

이형미(Lee Hyeung Mi)

경성대학교 교육학과 상담심리전공 박사

전 경성대학교 교육대학원 외래교수

　경성대학교 교육인재개발연구소 전임연구원

현 한국조형예술고등학교 교사

〈주요 저서〉

학교집단상담의 실제(2판)(공저, 학지사, 2013) 외

〈자격증〉 교육치료사 1급, 부모교육코칭전문가 1급 외

류은영(Ryu Eun Young)

경성대학교 교육학과 상담심리전공 박사

현 경성대학교 외래교수

　경성대학교 학생상담센터 객원상담원

　류심리상담센터 소장

〈주요 저서〉

상담사례의 이해와 분석 외

〈자격증〉 교육치료사 1급, 부모교육코칭전문가 1급 외

정은미(Jung Eun Mi)

경성대학교 교육학과 상담심리전공 박사

현 경성대학교 외래교수

경성대학교 학생상담센터 객원상담원

풀자(풀의 자유)심리상담센터 소장

〈주요 저서〉

상담사례의 이해와 분석 외

〈자격증〉 교육치료사 1급, 부모교육코칭전문가 1급 외

김세경(Kim Sei Kyung)

경성대학교 교육학과 상담심리전공 박사

현 경성대학교 외래교수

성균관대학교 교육연구소 박사후 연구원

성균관대학교 카운슬링센터 객원상담원

〈주요 저서〉

상담사례의 이해와 분석 외

〈자격증〉 교육치료사 1급, 부모교육코칭전문가 1급 외

이영순(Lee Young Soon)
전북대학교 심리학과 상담심리전공 박사
현 대학상담학회 및 한국교육치료학회 학회장
전북대학교 부설 심리코칭연구소 소장
전북대학교 심리학과 교수

〈주요 저서〉
상담심리학의 이론과 실제(2판)(공저, 학지사, 2009년)
인간발달과 상담-한국상담학회 상담학총서 8(공저, 학지사, 2013) 외

〈자격증〉 상담심리사 1급, 전문상담사 1급, 정신보건임상심리사 외

상담입문자를 위한

상담기법 연습

Counseling Skills for Beginning Counselors

2015년 2월 25일 1판 1쇄 발행
2024년 8월 20일 1판 16쇄 발행

지은이 • 천성문 · 차명정 · 이형미 · 류은영 · 정은미 · 김세경 · 이영순
펴낸이 • 김 진 환
펴낸곳 • (주) 학지사
04031 서울특별시 마포구 양화로 15길 20 마인드월드빌딩 5층
대표전화 • 02) 330-5114 팩스 • 02) 324-2345
등록번호 • 제313-2006-000265호
홈페이지 • http://www.hakjisa.co.kr
인스타그램 • https://www.instagram.com/hakjisabook

ISBN 978-89-997-0630-1 93180

정가 15,000원

저자와의 협약으로 인지는 생략합니다.
파본은 구입처에서 교환하여 드립니다.